普天之下・盡是好書

普天出版家族
Popular Press Family

凌雲文創
A-Plus Creative Company

Thick Black Theory is a philosophical treatise written by Li Zongwu, a disgruntled politician and scholar born at the end of Qing dynasty. It was published in China in 1911, the year of the Xinhai revolution, when the Qing dynasty was overthrown.

Be Human by Wisdom

做人靠智慧

活用智慧，替自己創造更多機會

做事靠謀略

Be Human by Wisdom

Thick Black Theory is a philosophical treatise written by Li Zongwu, a disgruntled politician and scholar born at the end of Qing dynasty. It was published in China in 1911, the year of the Xinhai revolution, when the Qing dynasty was overthrown.

人性攻略篇

達文西曾說：

「在生活的道路上，暗藏著許許多多的蛇，行路的人要事先想到這點，並且要選擇適合自己的安全之路。」

走在危機四伏的人生道路上，想避開潛伏於暗處的「毒蛇」，就必須同時具備做人與做事應有的應變智慧。一個深諳謀略的人，做任何事之前都會通盤考量，思慮到可能的風險及隱憂，讓自己成為最後的贏家。

Thick Black Theory is a philosophical treatise written by Li Zongwu, a disgruntled politician and scholar born at the end of Qing dynasty. It was published in China in 1911, the year of the Xinhai revolution, when the Qing dynasty was overthrown.

金澤南 編著

【出版序】

做人靠智慧，做事靠謀略

•金澤南

許多有天分的人常常會恃才傲物，其實應該仔細想想，究竟該怎麼做才能讓自身的才能發揮更大功能。

出眾的才能，在許多人的眼中就有如閃亮的寶石，經常是價值連城的珍寶。

不過，在這個世界上，也有許多很難用來換取實際利益的才能，究竟該如何利用它們，就得靠我們的聰明才智了。

英國作家赫胥黎曾經寫道：「人生最大的悲哀，就是純真的想法，往往被醜陋的事實扼殺。」

一個再有能力的人，也要具備一些心機，更要懂得把心機發揮在可以勝出的地方，如果你不具備一些城府，說好聽一點的是「單純天眞」，說難聽一點的就是「愚蠢無知」。

空有滿腹才華卻恃才傲物，讓自己寸步難行，或是不知如何運用智慧，讓才華發揮最大功效，最後都會成爲失敗者。

十六世紀初，有很多科學家都面臨著生活艱難的處境，義大利天文學家及數學家伽利略也不例外。

有時候，他會把自己的發現和發明當作禮物送給當時最重要的贊助者，從他們那裡得到資助從事研究。然而，不管發現多麼偉大，這些贊助人通常都是送他禮物，而不是贈與現金，因此他常常沒有安定的生活。

一六一〇年，他發現了木星周圍的四顆衛星。這一次，伽利略經過一番深思，把這個發現呈獻給麥迪西家族。

他在寇西默二世登基的同時宣佈，從望遠鏡中看見一顆明亮的星星——木星出現在夜空中。

伽利略表示，木星的衛星有四顆，代表了寇西默二世和其三個兄弟；而衛星環繞木星運行，就如同這四名兒子圍繞著王朝的創建者寇西默一世一樣。

將這項發現呈獻給麥迪西家族之後，伽利略委託他人製作一枚徽章——天神邱比特坐在雲端之上，四顆星星圍繞著他。伽利略將這枚徽章獻給寇西默二世，象徵他和天上所有星星的關係。

同年，寇西默二世任命伽利略爲宮廷哲學家和數學家，並給予全薪。

對一名科學家而言，這是伽利略人生中最輝煌的歲月，四處乞求贊助的日子終於成爲了歷史。

多花點心思，往往會讓自己找到更寬闊的出路。

在這個人人都想出人頭地的社會，掌握「做人靠智慧，做事靠謀略」法則，無疑是脫穎而出的先決條件。

用現代的眼光來看，伽利略的確是一名出色的科學家與天文學家，不但值得得到社會的敬重，本身所擁有的知識也是價值非凡的。

不過，在十七世紀的歐洲，人們還不明白科學的重要性，不知道伽利略的才能足以爲世界帶來什麼樣的貢獻，因此，伽利略除了在科學上不斷努力之外，還必須想辦法用他的才能換取繼續研究的資金與動力。

許多有天分的人常常會恃才傲物，對於爲人處世、進對應退，絲毫不懂得多加學習及運用，也因此常常過著孤寂窮困的生活。

這樣一來，其實最後吃虧的還是自己，因爲沒有穩定的生活與從事研究或藝術工作所需的資金，多數人的才能就在「求生存和求溫飽」當中消磨殆盡，以至於無法盼到才華發光發熱的那一天。

不管做什麼事，一定要講究策略和技巧。如果你不願花點心思想想，老是直來直往，非但無法順利達成目的，還會陷入各種無法預知的陷阱和困境之中，使自己的人生充滿危機。

01. 適時放對方一馬

有些人一陷入爭鬥的漩渦便不能自拔，為了利益或為了面子，硬要爭得你死我活。一旦自己在法理上佔上風，更是得理不饒人。

02.

發飆之前先了解狀況

一定要管好自己的口，要牢記一句話：「沒有調查就沒有發言權。」見到問題時，先別忙著發怒和批評人，而是了解情況。

03. 用耐心搞定難纏的人

求人辦事時應該用耐心等候對方改變心意，只要讓對方點頭答應，還有什麼事情搞不定？

04.

使場面難堪的實話，不說也罷

如果講實話會造成對方的難堪，或者對自己造成妨礙，那就該暫且忍耐，甚至不說也罷。

05.

親和力讓言語更具影響力

交談時，我們需要對他人表示出真誠的興趣，並關注他的一舉一動，尋找細節，作為切入點。

06.

優秀，只在必要關頭展露

想在團體中安身立命，別讓鋒芒太露。該藏則藏、該露則露，這樣才討得了便宜，賣得了乖。

07.

注意小事情，才能避開大危機

能綜觀全局的人才是能成就大事的人。過度的在乎小事，只會讓自己整天疑神疑鬼，出現錯誤的判斷。

08.

如何讓對方看清自己的缺點？

狂妄自大的人，往往對自己說過的話不負責，信口開河說自己樣樣都行，其實他能幹的地方只一兩個方面。

09.

人情留一線，日後才有轉圜空間

法國思想蒙田說：「超過尋常限度的行為，都會引來惡意的解釋，因此，我們要保持冷靜的理智，避免走向任何極端。」

10.

轉個話題可以化解僵局

洽談生意、聯繫工作隨時可能陷入僵局，只要還有轉圜餘地，就應該試著提出新話題。

11. 如何「利用」令人討厭的傢伙

一個想要前進的人，一定要懂得適時後退的道理，當前進受阻的時候，不如緩一緩，甚至退一步。

1.

PART

適時放對方一馬

有些人一陷入爭鬥的漩渦便不能自拔，為了利益或為了面子，硬要爭得你死我活。一旦自己在法理上佔上風，更是得理不饒人。

不要被蠢蛋牽著鼻子走

如果你隨著蠢蛋的愚行起舞，在旁觀者的眼中，你和他無異於同一族類，都是無法掌控自己，而被情緒牽著鼻子走的粗人愚人。

德國有句發人省思的諺語是這麼說的：「蠢蛋雖笨，但是還有比他更笨的人，為了他的愚蠢抓狂。」

的確，只有眞正愚蠢的人，才會爲了一些不値得生氣的蠢蛋激動抓狂，一個眞正擁有智慧的聰明人，往往會把傻瓜的愚蠢，當成砥礪自己的一面鏡子，或是當成娛樂衆人的材料。

人不管遭遇什麼惡意的抨擊、中傷，只要穩住自己的情緒，用輕鬆的心情面對，都能化爲危機爲轉機，使局面對自己有利。

但是，假使你因控制不了怒氣而抓狂，那麼，盛怒之下的你，等於隨著蠢蛋的愚行起舞，在旁觀者的眼中，你和他無異於同一族類，都是無法掌控自己而被情緒牽著鼻子走的粗人愚人。

這時，你又有什麼資格批評對方愚蠢呢？

蕭伯納是英國著名幽默作家，年輕時遇事十分膽怯，後來以不怕出醜學溜冰的精神練習演講和辯論，終於成為聞名於世的演說家。

有一次，他寫的新劇本《武器與人》首次演出獲得成功。劇終落幕時，許多觀眾要蕭伯納上台，接受大家的祝賀。

可是，當他走上舞台時，突然有個人衝到台上對他大叫：「蕭伯納，你的劇本太糟了！誰要看這個爛戲，趕快收回去，停演吧！」

面對這個突如其來的狀況，觀眾大吃一驚，以為蕭伯納準會氣得渾身發抖，憤怒地回敬這個無禮的挑釁者。

誰知，生性幽默的蕭伯納非但沒生氣，反而彬彬有禮地向那個人深深地鞠了一躬，笑容滿面地說：「我的朋友，你說得很對，我完全贊同你的意見，但遺憾的是，我們兩個反對這麼多觀眾有什麼用呢？我們倆能禁止這個劇本的演出嗎？」

這番話使得全場的哄堂大笑，緊接著觀眾報以如雷的熱烈掌聲。在掌聲中，那個挑釁者只好悻悻然地溜走了……

倘若蕭伯納直言對抗，儘管舌燦蓮花的口才也許能取勝，但絕不可能獲得如此有力的奇妙效果。

幽默可以出奇制勝，運用得當，往往能收到直言不諱難以達到的效果。

愚蠢的人特徵是驕傲蠻橫，自以爲無所不能，因此一不如己意就生氣抓狂。有些蠢人爲了要引起別人注意，突顯自己的重要性，或是達到脅迫的目的，經常會做出蠻橫粗暴的舉動，試圖逼對手就範。

面對這種狀況，最好的因應方式是「一笑置之」，把他當作無知的蠢蛋，不被對方的怪異舉止嚇倒或激怒。

法國文豪巴爾札克曾經寫道：「世上所有德性高尚的聖人，都能忍受凡人的刻薄和侮辱。」

就算你不想當聖人，至少也要設法當個受歡迎的人，遇到那些言行刻薄的人，也要懂得恰當地回應，才不至於將氣氛鬧僵。

爲人處世，不能一味地像刺蝟　樣，遇事之時就豎起身上的尖刺，懂得以輕鬆的方式面對，讓對方自討沒趣才算是高明之舉。

話說得體，行事合宜，不僅能表現出自身修養的高雅，也能輕鬆地迎接人生的各種挑戰。從現在起，不要再被蠢蛋牽著鼻子走了。

裝腔作勢不如裝聾作啞

裝腔作勢反而會暴露缺點，還不如裝聾作啞，暗中使勁。對於某些難以回答而又不好迴避的問題，你可以含糊其辭，模稜兩可。

在政治性會談、商業談判，甚至是日常生活中，透過挑釁的語言和舉動來試探對方的虛實，進而摸清對方的眞實意圖，是司空見慣的手法。

這樣的伎倆之所以奏效，是因爲心浮氣躁的人往往沉不住氣，隨著對方的節奏起舞，在反擊的過程中，洩漏了自己的秘密而不自知。

在勾心鬥角的場合，如果處境對自己不利卻又無計可施，什麼也不能表示，那就索性裝聾作啞，避免落入對方設計的圈套。

一九四五年七月，美、英、蘇三大國首腦在波茨坦進行會談。

有一次休息之時，美國總統杜魯門故意對史達林透露，美國已經研製出一種威力極大的炸彈，暗示美國已有原子彈。這時，邱吉爾也兩眼直盯著史達林，想觀察他的反應。

然而，史達林卻故意裝作好像什麼也沒聽見似的，並未顯露出絲毫訝異或緊張的表情，使得杜魯門與邱吉爾無法試探出虛實。

其實，史達林聽得很清楚，當然也聽出了杜魯門的弦外之音，內心焦灼不安。因為，會談後他立即告訴蘇聯外交部長莫洛托夫說：「必須加快我們的原子彈研製進度。」

一個人面臨挑釁或窘境的時候，裝腔作勢反而會暴露自身的缺點，還不如裝聾作啞，暗中使勁。

在某些場合，尤其是社交和外交場合，對於某些難以回答而又不好迴避的問題，你可以含糊其辭，模稜兩可，隱晦籠統地回答，例如「可能是這樣」、「我也不太瞭解」……等等，既擺脫了對方的糾纏，又給自己留下迴旋的餘地。

此外，有人主張，倘若有蠢蛋和你因爲某事爭執不下，而又鄙視地對你說：「你懂什麼？跟你爭論簡直是對牛彈琴！」

你可立即接引起來回敬對方：「對！牛彈琴。」

這種直接的反唇相譏的方法常常見到，但總有動氣、爭辯之嫌，效果不如裝聾作啞來得好。

要想做到「不爲蠢蛋抓狂」，最根本的是掌握應對進退的藝術，從實際情況出發，運用得當才能化險爲夷。

你能原諒你的仇人嗎？

原諒仇人可以使你掌控自己，情緒不致隨著對方的一舉一動而起伏，既可降低對方對你的敵意，亦可緩和你對對方的敵意。

不要爲蠢蛋抓狂，也不要以尖酸刻薄的語氣嘲笑蠢蛋，否則，不但會自找苦吃，而且也顯得比蠢蛋更愚蠢。

愚蠢的人特徵是驕傲蠻橫，自以爲無所不能，因此動不動就生氣抓狂。至於聰明的人則頗有自知之明，因此，在採取行動之前會先衡量自己的斤兩，不會和蠢蛋硬碰硬。

蠢蛋最在乎的是面子，總是渴望獲得別人敬重，因此對於那些蠻橫無理，而自己又惹不起的人，不要一味強調自己的立場正確，應該先退一步，滿足對方的虛榮心理，才能爲自己找到了絕佳的出口。

法國哲學家伏爾泰有一次因為譏諷攝政王奧爾良公爵，因而被關進巴士底監獄，長達十一個月之久。

在獄中吃盡苦頭的伏爾泰出獄後，深知攝政王冒犯不得，否則以後還會遭殃，於是專程前去感謝他寬宏大量，不計前嫌。

由攝政王深知伏爾泰擁有廣泛的社會影響力，也急於籠絡他，因此，兩人見面之後，彼此說了許多感激、抱歉之類的客套話。

最後，伏爾泰再一次向奧爾良公爵表達謝意：「陛下，您真是樂於助人，解決了我長達十一個月的食宿問題。不過，從今以後，您就不必再為了這些瑣事替我操心了。」

奧爾良公爵聽了之後哈哈大笑，從此再也沒找過伏爾泰的麻煩。

當你和別人之間有了芥蒂，或是由朋友翻臉成了冤家時，這種關係該如何處理？

是隨時準備火力進攻，還是退一步海闊天空呢？

正確的方式是保持風度，原諒你的仇人。

人與動物的不同之處在於，動物的一切行動都依本性而發，完全屬於自然反應；但是人的行動會通過大腦的思考，並依照當時的心理需要，做出各種不同的選擇。

原諒仇人當然是很困難的一件事。絕大部分人碰到仇人就會分外眼紅，恨不得置他於死地。即使不到那種強烈憎惡的程度，或環境條件不允許將對方徹底消滅，也肯定會採取「老死不相往來」的冷淡態度。

因此，能夠原諒仇人的人，胸襟和氣度無異達到了至高的境界。

原諒仇人可以使你在日常生活中掌控自己，情緒不致隨著對方的一舉一動而起伏。其實，原諒你的仇人，既可降低對方對你的敵意，亦可緩和你對對方的敵意，何樂而不爲？

適時放對方一馬

有些人一陷入爭鬥的漩渦便不能自拔，為了利益或為了面子，硬要爭得你死我活。一旦自己在法理上佔上風，更是得理不饒人。

作家赫伯特曾經說過：「那些只會嚼舌根、談是非的人，就像池塘裡的青蛙一樣，成天喝水而且聒噪不休。」

不要因爲別人的惡意中傷而動怒抓狂，要輕鬆應付這樣成天批評別人的人，必須具備一些幽默感。

所謂的幽默，就是將可笑的事物按照本來的情況，用另一種有趣的方式加以描述。幽默當然帶有幾分自然和偶然，但是，只要反應敏捷，通常可以適時化解尷尬的場面，並且畫龍點睛，指出事情的眞實面。

法國哲學家伏爾泰喜歡譏諷同時代的社會名流，有一天，他和一位朋友閒聊時，卻十分難得地將一位試圖與他一較長短的同輩作家大大讚揚一番。

他的朋友聽完之後，十分不以為然地說：「你這麼慷慨大方地稱讚這位作家，可是，他卻經常在背後說你壞話，還公開宣稱你是個不學無術的騙子、陰狠歹毒的偽君子。」

伏爾泰聽完並沒發怒，反而笑著說：「其實這沒什麼，你知道，我們兩個人一向都喜歡說反話！」

在競爭激烈的現代社會中，不少人由於各種各樣的原因而與人爭鬥，有些人一陷入爭鬥的漩渦便不能自拔，爲了利益或爲了面子，硬要和對手爭得你死我活。

有這種傾向的人，一旦自己在法理上佔上風，更是得理不饒人。

必須謹記「得饒人處且饒人」的道理，適時放對方一馬，讓他順著台階下，別弄得對方太沒面子。

其實，原諒敵人並不是很難做到，如果你能做到這一點，你在朋友之中的聲譽，無形中會提升許多，日後絕對會大有好處。

因爲，對方如果是個聰明人，自知理虧之時，你卻能寬宏大量原諒他，讓他留住顏面，他必定會心存感激。

即使他是個十足的蠢蛋，不知心存感激，也不應該把對方逼進死胡同，因爲，你若一再進逼，讓對方走投無路了，他爲了「求生」就可能不擇手段進行反撲，必定對你造成巨大的威脅。

更何況，誰能保證日後你和他不會「冤家路窄」？屆時，他若強過你，你豈不也要吃虧？

千萬別去踩別人的痛處

每個人身上都有幾片「逆鱗」存在，唯有小心觀察，不觸及對方的「痛處」，才能保持圓融的人際關係。

古羅馬思想家賀拉斯說：「懷著輕蔑對方的心理，就會使你的話語充滿怒氣，不僅會傷害別人，也會傷害自己。」

試想，如果說話不分對象，不管對待什麼人都用充滿蔑視或憤怒方式，那麼勢必會爲自己招來禍端，也無法和別人好好地溝通。

就算這樣的人有著滿腹經綸，最後也會遭到上司冷凍或是解僱，淪爲只會成天發牢騷的社會邊緣人。

一個人若想和上司、同事間建立良好的人際關係，一定要記住：保持適當距離，做事公私分明，尤其要注意不要踩到別人的痛處。

被擊中痛處，對任何人來說都是件不愉快的事。因此，不管在什麼情況下，都不去碰觸別人的痛處，這不但是待人處事應有的禮儀，更是在人性叢林中左右逢源的關鍵。

有修養的人即使在盛怒之下，也不會擴散憤怒的波紋，但是，涵養不夠的人一旦被激怒了，往往就會面露兇貌、口出惡言，甚至隨手拿起手邊的東西往地上摔。某些人暴跳如雷的時候，還會口不擇言，用侮辱性的語言攻擊別人最敏感的隱私。

一旦你攻擊他人的痛處，修養好的人雖不至於當場發作，與你破口對罵，但心中的疙瘩和怨恨往往難以抹平，如果他是你的上司或客戶，你就會變成被「封殺」的對象。

在公司裡，「封殺」意味著調職、冷凍、開除。如果你是公司負責人，「封殺」就代表著對方拒絕繼續與你往來，或是「凍結關係」。

中國古代有所謂「逆鱗」的說法，強調即使面對再溫馴的蛟龍，也要小心翼翼，不可掉以輕心。

傳說中，龍的咽喉下方約一尺的部位，長著幾片「逆鱗」，全身只有這個部位是逆向生長的，萬一不小心觸摸到這些逆鱗，必定會被暴怒的龍吞噬。至於其他部位任，不論你如何撫摸或敲打都沒關係，只有這幾片逆鱗，無論如何也觸摸不得，即使輕輕摸一下也犯了大忌。

其實，每個人身上也都有幾片「逆鱗」存在，即使是人格高尚偉大的人也不例外。唯有小心觀察，不觸及對方的「逆鱗」，也就是我們所說的「痛處」，才能保持圓融的人際關係。

用「我們」來拉攏別人

說「你們」時，說話的人和聽話的人分別存在，並處於不同的立場，而「我們」給人的印象，則是兩者站在同一個立場上。

有人說，從現代人的互動過程來說，人生其實就是一個龐大的賣場，每個人盡可以在那裡設置攤位，販賣自己的觀點或主張。

但是，在這個人生賣場裡，並不是所有的東西都賣得出去，通常只有深諳說話技巧的人才能順利推銷自己的東西。

說話技巧著重的是，使交談的對象產生「受到敬重」的感覺，進而使他們的內心產生共鳴。

世間多得是自認懷才不遇的人，這種現象說明了，人生最艱難的事，並非是具備超越常人的聰明才智或知識常識，而是在於是否具備恰當的行事謀略，知不知道如何把話說得更有滲透力。

清朝末年主張維新變法的康有爲，未獲任用之前曾經在私塾教了兩年書，對學生的影響頗爲深遠。

不過，有一些教育界人士，對康有爲的教學方式很不以爲然。因爲，當時康有爲很重視教導者與被教導者之間的關係，以及學習的方法，而最具代表性的學習方法，就是直接呼叫學生的名字。

當時，一般人都認爲，上司和下屬、老師和學生之間，應該保持一定的距離，但是，康有爲打破了這個觀念，消除了老師和學生身分上的上下關係，對每一個學生都採取「師弟」的平行立場來稱呼。

他的這種做法使得門下的許多年輕人備受感動，接受變法維新的主張。

像這種誘導心靈方式產生的功效，是一般人想像不到的。

許多成功學大師都提醒我們，稱呼別人的方式應該特別注意，儘量不要說「你」、「你們」，盡可能地用「我們」來表示。

其實，很多人都明白這個道理，因爲當說「你們」時，人們的感覺是說話的人和聽話的人分別存在，並處於不同的立場，而「我們」給人的印象，則是兩者站在同一個立場上。

深諳人性心理的人在說話時，通常不說「你們」而說「我們」，這主要是爲了要喚起聽者的關心。他們選擇說「我們」而不說「你們」，也是爲了將說話的人和聽話的人融爲一體。

由於選擇「說話方式」而達到成功的例子非常多，例如美國前總統尼克森，在提出美國歷史上最大的一筆聯邦預算時，就曾以這種方式對美國國民呼籲說：「偉大的政府掌握在我們大家手中，利用我們大家的錢來建立國家的時期已經來到了。」

禮貌是社交大門的通行證

如果你在待人接物中能夠做到熱情而不過分，客氣而不失禮節，那麼，肯定會有很好的人緣。

不要因爲別人的傲慢無理而發怒動氣，想要使自己有更和諧的人際關係，更要時時檢討自己是否有盛氣凌人的惡習。

美國有句饒富寓意的諺語提醒我們一個事實：「喜歡到處和人打架的狗，通常會跛著腳回家。」

喜歡和別人爭執的人，通常都欠缺自知之明，自以爲是兇猛無比的獅子，其實，在別人的眼中，只不過是隻光會汪汪叫的小狗。這種到處招惹別人的行徑，通常也不會有什麼好下場。

別爲這種高傲的蠢蛋抓狂，懂得以巧妙的迂迴戰術避實就虛，用對方的邏輯來打敗對方，正是聰明人獲得勝利的重要關鍵。

運用這種方法，就算不能讓他們認清自己的嘴臉，至少可以讓他們知道別人是如何評價他們的。

芬蘭著名的音樂家西貝柳斯有一次在公園散步，不巧遇見了一位相當尖酸刻薄的音樂評論家。

評論家態度傲慢地迎面而來，指著樹上吱吱喳喳的小鳥對西貝柳斯說：「依我看，這些小鳥才是最美妙的音樂家！」

這時，恰巧有一隻烏鴉一邊呀呀叫著，一邊停到樹上，西貝柳斯於是學著音樂評論家的動作：「依我看，牠和你一樣，都是相當優秀的評論家。」

文雅的舉止，謙虛的談吐，和藹的容顏，這些都是我們在交際場合中應該具備的。如果你在待人接物中能夠做到熱情而不過分，客氣而不失禮節，那麼，肯定會有很好的人緣。

反之，即使是有「理」但是傲慢無「禮」的話，將會對你的人際交往形成障礙，惹出諸多不必要的麻煩。

與人打交道，總是從應對進退開始，不卑不亢的言行舉止既是一個見面禮，也是進入社交大門的通行證。

應對得體，可使對方感到親切，交往便有了良好的基礎；應對不得體，往往會引起對方的不快甚至惱怒，令自己陷入尷尬的境地，致使彼此的交往受到梗阻，甚至中斷。

小心提防喜歡「表現」自己的人

對於權勢慾望強的人，切不可打擊或挖苦他，說不定他哪天會從哪兒冒出頭來，到時你後悔就太遲了。

爾虞我詐的高度競爭社會，在在突顯一個難堪的事實，那就是人性本來就是狡猾虛偽、欺詐殘忍、言行不一的，「人海」看似風平浪淨，事實上，平靜的海面下暗藏著許多漩渦與暗礁。

在不得不與人互動的場合，如果你不想受到這些漩渦與暗礁的傷害，就必須具備「識破卑劣動機」的心眼，如此一來，才能避開各種陷阱和危機，進一步開創自己成功的契機。

當然，不管多麼小心謹慎，人的一生還是難免會遇到各種負面批評以及打擊，也難免遭到冷箭襲傷，唯有更加堅強努力地增進自己爲人處世的智慧，才能夠扭轉自己的命運。

有位哲學家提醒我們小心那些充滿權力慾望的人，他說：「權慾薰心的人，今天你是他的恩人，明天就有可能是他的仇人。」

權力慾望熾烈的人時時刻刻想在別人面前展現自己的能力，爲的是使自己盡可能獲得重用，因而會找各種機會來表現自己。

這種人，有些的確有一定的能力，有堅強的目標，不達目的誓不罷休，對於自己的分內工作也盡心盡力，不會落後於別人。

但是，這種人卻有一個致命的缺點，就是想盡一切辦法要往上鑽，爲了達到自己的目的，他可以犧牲自己的同事、朋友，甚至於公司的整體利益。

這種人的本性是極其自私的，誰要是妨礙了他的升遷，他就會不擇手段進行排除，今天你是他的恩人，明天你就有可能變成他的眼中釘了，因爲他要升遷，你卻擋住了他的路。

因此，對於這種人，即使他在某方面有一定的能力，也要提防他，不能加以重用，除非你能確信自己能駕馭他，或者在緊要和關鍵的時候，除了他以外無人能勝任，否則最好不要提拔他，不然最後吃虧的將會是你自己。

當然，對於這種人，你最好也不要得罪他，因爲這種人的前途很論斷，他也許一輩子翻不了身，被人踩在下面，但是有朝一日時來運轉，他又有可能青雲直上。如果你曾經踩過他，極容易招致他的報復。

如果他曾是你的部下，你對他既無恩也無仇，縱使他升了官，成了你的頂頭上司，也不會對你怎麼樣。

因此，對於這種權勢慾望過強的人，切不可打擊或挖苦他，說不定他哪天會從哪兒冒出頭來，到時你後悔就太遲了。

和人打交道，要注意禮貌

見了陌生的長者，一定要恭敬稱呼，另外，還必須注意看年齡稱呼人，要力求準確，否則也會鬧出笑話。

越是器量狹隘的人，越講究「形式上的虛榮」，最明顯的是，他們特別在意別人對自己的稱謂。這是因爲，在他們的認之中，「別人的稱謂」代表著自己的身分和社會地位。

這種類型的人，以個性孤僻的老人、高不成低不就的中下階層主管，以及沒什麼成就又小有名氣的人物居多。

一旦無意中冒犯了這種器量狹隘人，他們一逮到機會，就會暗中耍詐使陰或挾怨報復，讓你走許多冤枉路。

不過，平心而論，那些注重形式虛榮的人，並不是什麼壞人或惡人，只不過是渴望獲得別人口頭上的肯定罷了，通常只要滿足他們的虛榮心理，他們就會把你視為「知己」，熱絡地把你奉為上賓。

以下這個小故事，就是最好的例子，直得我們警惕。

從前，有一年輕人騎著馬趕路，看見一位老漢，便在馬上高喊：「喂，老頭子，離客店還有多遠？」

老頭子回答：「五里。」

年輕人策馬飛奔，急忙趕路去，然而一口氣跑了十多里路，仍不見人煙。他心裡暗暗咒罵，這個該死的老頭子真是可惡，竟然說謊騙人，非得回頭教訓他一下不可。

他一邊想著，一邊自言自語道：「五里，五里，什麼五里！」猛然，他醒悟過來了，這「五里」不是與「無禮」諧音嗎？於是撥轉馬頭往回走。

追上老人後，年輕人急忙翻身下馬，恭敬地叫聲「老伯」。話沒說完，老人便說：「客店已走過頭了，如不嫌棄，可以到我家一住。」

這則故事說明了一個道理：禮貌就是通行證，見了陌生人一定要恭敬稱呼，特別是當你有求於人的時候，不能隨便喊「喂」、「嗨」、「騎車的」……等，否則會惹人討厭。

另外，還必須注意看年齡稱呼人，要力求準確，否則也會鬧出笑話。

稱呼上級也要看場合，在正式場合，如開會、與外界接洽、談論工作時，一定要按上司的職務加以稱呼，因爲這樣才能突顯上司的權威性和工作的嚴肅性。滿足了他們的虛榮，他們才不會在背地裡找你麻煩。

2.

PART

發飆之前先了解狀況

一定要管好自己的口，要牢記一句話：「沒有調查就沒有發言權。」見到問題時，先別忙著發怒和批評人，而是了解情況。

有些事你可以裝作不知道

「明知故昧」是對已經知道的事情故意裝作不知道，積極地排除人際關係上的種種摩擦和障礙，讓自己日後得以大展宏圖。

從古今中外的例證，我們可以知道，舉凡成功的人士大都具備一個特質，那就是忍人所不能忍，將自己的怒氣化爲更有效、更積極的動力，不會輕易因爲蠢蛋的魯莽言行抓狂。

成功人士的忍耐並不是毫無意義的逆來順受，而是內心充滿更強烈的企圖，想獲得一些自己渴求的事物。

心理學家大都同意，人絕對有可能透過忍耐的形式，爲自己製造圓融的人際關係，藉由寬宏大量的形象達到自己想要的助力。

春秋時期，有一次楚王大宴群臣，名曰「太平宴」，所有文武官員和宮內的寵姬妃嬪統統出席這次盛筵。席間奏樂歌舞，美酒佳餚，正是「男女雜坐，履舄交錯，羅襦襟解，香澤微聞」的快樂狂歡。

君臣暢飲到了黃昏，楚王感到意猶未盡，便命人點起燭火繼續夜宴，還特別叫最寵愛的兩位妃子許姬和麥姬，輪流向眾臣敬酒。

忽然，一陣狂風，把堂上的所有燭火吹滅，會堂一片漆黑。這時，楚王的愛妃許姬突然覺得自己被別人摸了一把。她知道摸她的人不是楚王，也不是其他嬪妃，而是一名男性大臣。

許姬氣得不得了，把手用力一甩，同時順手扯斷了那人頭上的纓帶。

許姬拿著纓帶匆匆回到楚王身邊，對楚王說：「我剛才奉命敬酒，誰知燭火熄滅後，有人乘機調戲我，我扯斷了他的纓帶，快叫人點亮火燭，就能知道是誰調戲我了。」

楚王聞言先是一驚，但馬上又鎮定下來想道，現在正是用人之時，在座的又都是高級文臣武將，若因小失大，豈不壞了國家大事？於是，楚王在點亮火燭前突然大聲宣佈：「今天歡宴，眾人須盡情歡樂，為打破拘謹，請大家都摘掉官帽，開個不分官職大小、尊貴卑賤的『絕纓會』。」

眾臣聽大王說完，在場官員全都摘下了官帽，等點上火燭後，又都盡情歡娛，直到深夜。

待宴盡人散，許姬陪楚王回到後宮之後，責怪他為何不抓起那個色膽包天的官吏時，楚王笑著說：「妳不知道，此次宴會目的在狂歡，酒後狂態乃人之常情，如果把那人揪出來，豈不是大煞風景？這又豈是宴會的原意？」

許姬聽說後，方才拜服楚王高見。

後來，楚王伐鄭，有一名驍勇的健將獨率百人為三軍開路，一路斬將奪關，直逼鄭國京邑，使得楚王聲威大振。此人就是當年摸黑揩許姬的油，失態非禮王妃的唐狡。

二十世紀七〇年代，香港邵氏影城也發生過類似的故事。當時，王羽是香港邵氏兄弟影業公司當紅的武打明星，他領銜主演的「獨臂刀王」系列武俠片相當賣座，被圈內人士喻為邵氏公司的搖錢樹。

王羽年輕氣盛，脾氣十分暴躁。據說，有一天，他在影城食堂吃飯，嫌飯菜不好，竟勃然大怒掀翻桌子，把碗缽一個個摔到地上砸個稀巴爛，旁人無人敢勸他。

這時，正好老闆邵逸夫打從食堂旁走過，聽到打碎碗缽的巨響，停下腳步一看究竟，看到是王羽在鬧事時，馬上轉頭就走，當作什麼事也沒發生。

按理說，邵逸夫才是邵氏影城一手擎天的人物，王羽雖然是深受觀眾喜愛的武打明星，但也是邵逸夫一手捧紅的，要不是他當年決定擢用王羽演主角，王羽哪能紅透半邊天？

但是，邵逸夫不僅將此事忍了下來，還當什麼也沒發生。

當然，邵逸夫此舉是為自己的電影事業著想，王羽有票房號召力，只有遷就他。如果此時發怒抓狂，當場把王羽臭罵一通，說不定王羽一氣之下，就投奔邵氏公司的競爭對手。王羽砸碗砸缽，比起賣座的電影的鉅額收益來，畢竟是小事一樁。

事後，王羽氣消冷靜下來，聽人說邵逸夫曾經路過食堂而沒發作，內心十分感動，發誓死心塌地要為他效命。

「明知故昧」的謀略，是應付蠢蛋的有效方法，它不是消極的明哲保身，而是對已經知道的事情故意裝作不知道，積極地排除人際關係上的種種摩擦和障礙，讓自己日後得以大展宏圖。

實際上，處理複雜而微妙的人際關係時，能夠做到「明知」而「故昧」的地步，絕非容易之事，非有高度涵養不行。你不妨捫心自問，自己行嗎？如果還不到這種修爲，那就得更加努力訓練自己。

如何用幽默來「笑」自己

在公共場合，不留心說錯了一句話或做錯了一件事，大可不必掩飾自己的過失，不妨放鬆心情調侃自己一番。

在公眾場合出糗的時候，千萬不要惱羞成怒，那只會突顯自己是個沒有涵養的蠢人，也會使情況更加難堪。

古羅馬思想家西塞羅論及言行的藝術時說：「玩笑與幽默會給人帶來樂趣，而且常常可以產生巨大的作用。」

從以下這兩則軼事，我們不難得到印證，幽默是化解尷尬的最有效方法，能夠幫助自己和別人擺脫困窘。

艾森豪總統在第二次世界大戰期間擔任歐洲戰場盟軍總司令。有一次，他前往亞塚附近視察部隊，在雨中對士兵們講了一番激勵士氣的話語，獲得在場官兵熱烈鼓掌。然而，當他從講台上走下來時，卻一不小心摔倒在泥漿裡，士兵們不禁哄然大笑。

艾森豪狼狽地從泥漿裡爬起來後，對於士兵們的訕笑並沒有惱羞成怒，反而幽默地調侃說：「剛才，泥漿告訴我，我這次視察相當成功，因為，我為美國士兵帶來了不錯的娛樂效果。」

就這樣，艾森豪靠著幽默風趣化解了自己的尷尬。

幽默風趣是睿智的表現，同時也是一個人的思想、學識、智慧、靈感，靈活運用在語言中的反映。

幽默的具體運用並非易事，幽默構成的方式很多，主要有：自我嘲諷、張冠李戴、旁敲側擊、順水推舟、諧音雙關、借題發揮……等，必須用得巧，才能收到奇妙的效果。

有一位小姐想在自己的生日舞會上給親朋好友留下一個難忘的印象，但由於心情激奮，加上新買的長裙有點過長，跳舞的時候鞋後跟絆住了裙子，自己跌跌撞撞地摔了一跤，陪她跳舞的男士也被連帶著摔倒在地。

當她面紅耳赤、羞赧難當之時，只見那位男士輕鬆地說：「沒關係，我不曉得原來妳會玩多米諾骨牌！」

那位男士這番輕鬆的話語，既緩和了尷尬的場面，也使在場的人對他留下了幽默風趣的好印象。

在公共場合，萬一不留心說錯了一句話或做錯了一件事，難免出現令人尷尬的場面。這時，闖了禍的你肯定會有些侷促、緊張、惶恐。不過，你大可不必掩飾自己的過失，更用不著轉移目標，不妨放鬆心情調侃自己一番，或是說一個有關過失的小笑話就行了。

千萬要記住：一句幽默的話語，有時會發揮莫大的作用。

激發對方的優越心理

每個人都有自尊心和自信心，都希望「站在比別人更優越的地位上」，或「自己被當成重要的人物」，這就是優越的心理。

適時激發別人的優越心理，可說是一種達成目的高明技巧。

從心理學的角度而言，人的優越心理一旦被激起，有時候為了顧及自己的面子，就不得不強迫自己發揮所有的能力來表現一番。

某家鑄造廠的業績始終低迷不振，員工工作沒幹勁，不是曠職就是遲到早退，交貨總是延誤，而且品質低劣，使消費者抱怨連連。

雖然，經營者一再指責現場管理人員，也想盡辦法要激發從業人員的工作士氣，但始終不見效果。有一天，這個經營者發現，他交代的事情一直沒有獲得解決，於是決定改變方式。

這個工廠採取晝夜兩班輪流制，他在夜班要下班的時候，在工廠門口攔住一個作業員，問他：「你們的鑄造流程一班可做幾次？」

作業員答道：「六次。」

這個經營者聽完後一句話也不說，就用粉筆在地上寫下「六」。

緊接著早班作業員進入工廠上班，他們看了這個數字後，不甘落後，竟改變了「六」的標準，做了七次鑄造流程，並在地上重新寫上「七」。

到了晚上，夜班的作業員為了刷新紀錄，就做了十次鑄造流程，而且也在地面上寫上「十」。

過了一個月，這個工廠的業績大幅提升。

這個經營者僅用了一支粉筆，就重整了工廠的士氣，而員工們突然產生的士氣是從哪裡來的呢？

相信你已經注意到，這是因爲有了競爭的對手所致。

很多人做事一向都是拖拖拉拉，毫不起勁，可是突然有了競爭對手後，就激發起了他們的士氣。

每個人都有自尊心和自信心，潛在心理都希望「站在比別人更優越的地位上」，或「自己被當成重要的人物」，從心理學來說，這種潛在心理就是優越的心理。有了這種心理之後，人類才會努力成長，也就是說這種慾望是刺激人類不斷成長的基本元素。

這種優越的慾望，在有特定的競爭對象存在時，意識會特別鮮明，爲了打垮競爭對手會更加賣力。

發飆之前先瞭解狀況

一定要管好自己的口，要牢記一句話：「沒有調查就沒有發言權。」見到問題時，先別忙著發怒和批評人，而是瞭解情況。

對有心力爭上游的部門領導者來說，現代職場最艱難的事，並不在於應付同儕之間的競爭，而是如何訓練出一批絕對服從自己指揮的忠貞部隊，因爲，這才是和對手決戰時的勝負關鍵。

是的，成敗的關鍵就在於懂不懂收買人心，在於能不能收編一支心悅誠服地執行自己命令的「無敵艦隊」。

收買人心的關鍵展現在萬一部屬不小心犯了錯，自己用什麼態度處置，部屬建立了功績，自己又如何獎勵。

某企業的一個市場調查科長，因為提供了錯誤的市場訊息而造成了企業的重大損失。犯了這麼嚴重的錯誤，毫無疑問的，企業總經理可以不問理由地對他進行斥責，甚至撤職。

但是，這位怒上心頭的總經理，還是忍了忍，他想得先瞭解一下到底是這位科長本身不稱職而聽信了錯誤訊息呢，還是由於不可預料的原因導致的？

於是，這位經理壓下了心中的怒火，心平氣和地把科長叫來，叫他把為什麼判斷失誤的原因寫一個報告交上來。

事情就這樣拖了一段時間，幾個月之後，這家公司因為這位市場調查科長提供的訊息研判極為準確而飽賺了一筆。

於是，總經理又叫人把那個科長請來，對他說：「你上次的報告我看了，你們的工作做得不太細緻，必須負一定責任，但主要是不可預測的意外原因造成的，因此公司決定免除對你的處罰，你也就不要把它再放在心上，只要以後記取教訓就行了。這一次，你做得不錯，為公司提供了重要訊息，我們仍然一樣地表揚你。」

說完，總經理從辦公桌裡拿出一個紅包遞給他，這個科長接過來時，不禁眼眶泛紅，從此更加盡心盡力為效命。

不要輕易抓狂，俄國文豪屠格涅夫曾經說道：「開口之前，應該先把舌頭在嘴裡轉十個圈。」

尤其是身爲領導者，千萬不能隨便發飆，批評下屬之前，一定要把情況瞭解清楚：這個錯誤是不是他犯的，這個錯誤是由於主觀原因，還是客觀原因……等等。

如果你一看到下屬出了問題，就不管三七二十一痛加批評和指責，假如他眞錯了，也許就默認了；但如果不是他的錯，肯定會對你滿肚子意見，雖然口頭上不說，心裡一定暗暗咒罵：「你怎麼連情況都不問清楚，就隨便罵人呢？眞差勁！」

因此，切記，要批評別人之前，一定要瞭解事實，在心裡問一下自己：「我不會搞錯嗎？」否則，亂指責人，不僅落了個亂罵人的壞名聲，事後還得向下屬賠禮道歉。

然而，就算是你能放下架子，坦率地向下屬說：「對不起，是我弄錯了」，下屬所受的傷害和內心對你的憎惡，卻很難一下子就冰釋。

如果你瞭解這個錯誤確實是下屬犯的，也還要進一步調查和思考，這個下屬該承擔多大的責任？錯誤的原因是不可避免的，是一時的疏忽，還是責任心不強，甚至是明知故犯？

因此，你一定要管好自己的口，要牢記一句話：「沒有調查就沒有發言權。」見到問題時，先別忙著發怒和批評人，而是瞭解情況。

這樣一來，主動權就操在你的手裡，你想在什麼時候、採取什麼方式對他進行批評，完全由你決定。

如何讓批評恰到好處

批評人時，除了要顧及下屬們的自尊心，還要對他們的心理和性格進行瞭解，並考慮對什麼下屬用什麼批評方式。

當自己全心推動的業務因爲部屬的錯誤而陷入困境的時候，正是評判一個領導者是否有更大作爲的時刻。

愚蠢的領導者著重於錯誤本身，因此會當場發飆，將滿腹怨氣一股腦發洩在部屬身上，甚至一連好幾天都將怒氣掛在臉上。

通常，這種暴喜暴怒的領導者不會有太大的成就，部屬一有更好的發展機會，便會毫不猶豫地跳槽離去。

至於聰明的領導者，則著重於如何解決錯誤，因而不會暴跳如雷。他們會先釐清出錯的原因，然後用更積極的方法，展現出高超的溝通智慧，激發部屬的上進心理，讓部屬有戴罪立功的機會。

當然，這時候批評與指責是必須的，但指責的時候，要做到既就事論事，又不產生負面效應，無疑考驗著領導者是否具備領導部屬的智慧。

批評不應該永遠是暴風驟雨，也應該有和風細雨的時候。

有時候，領導者對犯了同一種類型、同樣程度錯誤的人進行批評，但批評的效果卻完全不同，有的人接受了並積極改正，而有的人卻仍然我行我素，原因是什麼呢？就在於批評尺度太單一。

批評也要因人而異，因爲每個人對於批評的感受能力和敏銳程度，是有差別的。因此，批評人時，除了要顧及下屬們的自尊心，還要對他們的心理和性格進行瞭解，並考慮對什麼下屬用什麼批評方式。

對於一個領導者來說，有兩種下屬會比較容易接受批評，一種是性子比較直率的下屬，一種是能力和魄力比較強的下屬。

當然，要注意一種比較特殊的情況，有些下屬在心裡已承認自己錯了，但由於自尊心比較強，一時拉不下臉，所以口頭上才拒不接受。對於這樣的下屬，你一定要適可而止。

直率和有魄力的下屬，接受批評後會很快地振作起來，因爲他們通常不會把別人的批評牢記在心上，也不會過度去聯想別人對自己的態度，一投入工作，就什麼都忘了。

而性格軟弱的下屬則不同，批評得稍微嚴厲一點，他們就受不了，會長久地記在心頭，甚至以後碰到類似的問題，就畏縮不前、膽小怕事。但他們有一個特點，就是對於領導者的批評比較容易接受。因此，對於這樣的下屬，你只要採取提醒性的方式，點到爲止。

用鼓勵的方法說出批評的話

對於那些心懷不滿的下屬，除了要進行嚴厲的斥責，也不妨聽聽他的牢騷，然後，再針對他們的心理和錯誤進行有效的批評。

作家卡爾曼曾經揶揄地說：「在天國的戶口名簿中，愚蠢的生物跟聰明的生物一樣，都是早就登記好了的。」

其實，一個人究竟是聰明的還是愚蠢的，並不是絕對的，天才與白癡往往只有一線之隔，如果你確實知道自己的天份，並且積極朝這個方向努力，那麼你就是一個聰明人，否則就是浪費時間和精力的蠢材了。

聰明並不是單方面的，真正聰明的領導人不僅有自知之明，相對的也具有識人用人的本事，既知道自己的部屬是什麼類型的人，也知道應該如何妥善運用他們的才能，幫助自己更上一層樓。

就算是蠢蛋，在聰明人的領導下，也可以激發出獨特的潛能。

每一個團體都有一些眼高手低的蠢蛋，這樣的人最不好管理，因爲他們的自尊心很強，對別人的批評也非常敏感。但相對的，他們對於自己所犯錯誤又認識不清，總認爲別人是在藉機找自己的碴，對別人的批評也是充耳不聞，當成耳邊風。

身爲他的上司或同事，你批評這種人一定要注意方法，因爲一處理不好，說錯了話，讓他抓到把柄，他就會大吵大鬧，不可開交。

批評這種人一定要有充足的證據，並且可以採取非常嚴厲的批評手法，因爲只有徹底地整治他，他才會痛改前非。

有時，只用一種方法去批評很難奏效，這時可以從另一個角度試試，像對軟弱的下屬批評，除了前面的提醒式外，還可以採用鼓勵式的批評方法。

例如說：「我希望你下次能發揮出你的全部能力來」，「我認爲這種工作品質並不代表你的正常水準」……等等。

因爲，這種下屬對別人的評價很敏感，即使你不全部說出來，他也會知曉你的眞正意思。

對於那些眼高手低而又心懷不滿的下屬，除了要進行嚴厲的斥責，也不妨聽聽他的牢騷，然後，再針對他們的心理和錯誤進行有效的批評。

例如，倘使他認爲他在工作上所犯的錯誤並不大，是你爲了整他而故意誇大的，你就可以把事實和後果向他闡述清楚，並考慮到他愛面子的心理，對他說：「你本來可以做得更漂亮一點，怎麼老像有心事似的？」「要把工作和生活分開，你很會享受生活，但在工作上還要認眞一點。」

你喜歡聽反面的意見嗎？

聽取下屬的建議，既可以給人平易近人的感覺，又可以不用花費一分投資，無償地從別人那兒得到不同的看法和思想。

喜歡聽好聽的話，是人性根深柢固的弱點之一。

只要是想討人歡心或是想獲得某些報酬，人就不得不說些動聽的話語來打動人心。但是，這些讓人聽來舒服的話語，往往言不由衷，蒙蔽著某些眞相，一不小心便會誤導我們走向失敗的方向。

人生的成功與失敗，關鍵就在於我們能否多聽一些反面意見，能不能用更多元的角度看待事物，然後以更寬闊的視野加以解讀。

要做一個合格的領導人，要善於徵求、聽取和採納別人的意見，尤其是下屬的意見，獨斷專行是領導者的大忌。

因爲，一個領導者能力的強弱，和權力的行使，最重要的關鍵在於是否能能得到下屬們的合作和支持。

獨斷專行是一堵牆，會把你和你的下屬隔離。領導者不應只停留在被動地聽取下屬們的意見，應該主動刺激和鼓勵他們發表意見，徵求他們表達更多的建議，這是成功領導者的一個顯著的特徵。

在這個問題上，曾經擔任美國鋼鐵公司總經理的賈利爾看得非常透徹，他這麼說：「我樂於聽取別人的意見，尤其喜歡聽反面的意見，在這一點上，我超過別人很多。」

想要成爲一個優秀的領導，最緊要的是，要在下屬面前放下架子，不要以爲自己很能幹，不需要任何人的說明，而聽不進別人和下屬的話。

事實上，聽取下屬的建議，可以說是一舉兩得的事，既可以給人平易近人的感覺，又可以不用花費一分投資，無償地從別人那兒得到不同的看法和思想，何樂而不爲呢？

因此，領導者一定要培養聽取下屬們意見的好習慣，不管他的態度是誠懇的還是高傲的，意見是成熟的還是幼稚的，採不採納完全取決領導者自身的考量。而且，在聽取下屬的看法時一定要專心、不能急躁、多疑。

換個角度而言，聽取下屬們的意見，實際上就是在利用別人的腦子替自己激發創意，經由自己的思考、判斷，就可以從中萃取許多有用的東西，爲自己所用，又有什麼不好呢？

給人留面子就是給自己留後路

大家都容易犯一個錯誤——勇於為他人定罪，但事實上，是勇於對他人的過錯加以攻擊。

人不會因爲話說得太少而後悔，卻常常因爲說得太多而懊惱。

因爲，就算修養再好的人，一旦打開話匣子，也難免會因爲虛榮心理而說些自欺欺人和誇大不實的話語，得罪別人而不自知。

此外，當人心中有著怒火，就會變得愚蠢，說話的時候總是有一些火星會冒出口中，甚至口不擇言。

結果，就像斯溫伯恩所說的：「人們在尖刻的言語之中摘不到果子，在他們搖動大樹根部時，得到的是扎人的刺。」

因此，聰明的人要懂得管好自己的嘴巴，即使是生氣的時候，也要替人留面子，才不會絕了自己的後路。

不管在什麼情況下，批評要對事，而不要對人。

俗語說：「樹有皮，人有臉」，所謂的臉，就是每個人全力維護的自尊。領導者在批評下屬時，一定要注意不能傷害下屬的自尊心。

當然，不同的人有不同的性格，對於批評，每個人自尊心的敏感程度也不一，因此要視不同物件，採取不同方式批評。

對那些自尊心較強和敏感的人，你要儘量小心，對他們所犯的錯誤點到即止；對於那些臉皮比較厚的人，則可以適度加重些，才能使他們意識到所犯錯誤的嚴重性。

傷害人自尊是最令人難以忍受的，因此，一般人不會這麼做，但是，在情緒不好或是發怒的時候，就難以控制了。譬如，你看到下屬犯了一個錯誤，也許並不那麼在意，但是心裡一煩，就隨口罵了一句：「笨豬！」

結果會是什麼呢？堅強一點的下屬也許什麼都不作聲，只在心裡默默地回罵，懦弱一點的也許就含著淚水離去。

爲什麼簡簡單單的兩個字會造成這樣的結果？原因非常簡單，因爲你傷害了別人的自尊心。

尼采曾說：「大家都容易犯一個錯誤——勇於為他人定罪，但事實上，是勇於對他人的過錯加以攻擊。」

每一個人都有自尊心，而且越愚蠢的人，自尊心越強烈，即使他們是在犯錯的情況下，也別以爲他們錯了，你就可以隨意地數落他們。須知，在自尊和人格上每個人都是平等的，你如果不顧及下屬們的自尊，把他們逼急了，他們也會反過來刺傷你的自尊與尊嚴。

千萬要記住，給人留面子是替自己留後路。

小事多糊塗，大事不含糊

在小事上不妨糊塗些，真正遇到大事則保持清醒的頭腦，於關鍵時刻表現出大智慧。

人一生可能經歷的事情太多了，數也數不完，如果事事都要認眞盤算，勢必會使自己筋疲力盡。

所以，對那些無關緊要的小事，不妨糊塗些，得過且過即可。做到該清醒時清醒，該糊塗時糊塗，是再好不過的事情。許多時候，看似糊塗度日，不失爲一件樂事。

當然，遇到大事就不能糊塗了，這點差異必須分清楚。

魯迅曾專門爲文揭示了「難得糊塗」的眞正涵義，他說：「糊塗主義本來就是一種高尚道德，你說它是解脫、達觀，也未必正確，其實是在固執著什麼，堅持著什麼。」

正如魯迅所說的「在堅持著什麼」，糊塗的人實際上再清醒不過，之所以「糊塗」，是因爲將世事看得太明白、太清楚、太透徹，最後乾脆裝糊塗，放下包袱，輕鬆、瀟灑一回。

說起來容易，做起來難，能夠「糊塗」的人非常有限，因爲人難達到超然境界。生活包袱已經極重，思想還要被芝麻綠豆大的小事情纏繞，多麼辛苦哪！「小事多糊塗，大事不含糊」，這句話實在值得所有人謹記。

在觀察社會、待人處世時，對一些不打緊的事情糊塗處之，涉及至關重要的原則性問題則清醒對待。該糊塗時糊塗，該聰明時聰明，不喪失原則和人格。

如果能做到如彌勒佛那樣，「笑天下可笑之人，容天下難容之事」，說明你已經進入了忘我的境界，算是成功了。

縱觀古今，達到這種境界、擁有這種智慧的人，當然並不在少數，晉代的裴遐就是其中之一。

有一次，裴遐到東平將軍周馥的家裡作客，周馥命家人設宴款待，司馬負責勸酒。由於裴遐與人下圍棋，正在興頭上，沒有及時喝下遞過來的酒，為此司馬非常生氣，以為裴遐故意怠慢，便順手拖了裴遐一下。

不料，裴遐因沒有留意而被拖倒在地，氣氛頓時變得非常尷尬，所有人都嚇了一跳，以為裴遐會因難忍羞辱而對司馬發怒。

想不到裴遐慢條斯理地爬起來，舉止不變，表情安詳，然後便好像什麼事情都沒有發生過一樣，繼續與人下棋。

後來，王衍問起裴遐，當時為什麼還能鎮定自如，裴遐回答說：「因為我當時很糊塗。」

現在，我們將視線從古人身上拉回，轉移到現實生活中，來看看另一個常見的相反的例證。

有一次，許多老人圍在一起下棋、觀棋。其中兩位老人，因為一步棋而爭得面紅耳赤，雙方互不相讓，一個罵對方手腳不乾淨，另一個罵對方是卑鄙小人，罵得不過癮，甚至還動了手，結果不歡而散。

從此以後，有多年交情的兩方成了仇人，非但再也不一起下棋，見了面還吹鬍子瞪眼，口出惡言。

之所以因爲一步棋賠上友誼，就在於不懂得糊塗的眞諦。

人際交往過程中，沒必要事事計較。小事上糊塗一些，別太在意，這樣一來，不但可以增加彼此的信任，還可以強化感情，加快相互交往、理解的速度。在小事上不妨糊塗些，眞正遇到大事則千萬保持清醒的頭腦，於關鍵時刻表現出大智慧。

3.

PART

用耐心搞定難纏的人

求人辦事時應該用耐心等候對方改變心意，只要讓對方點頭答應，還有什麼事情搞不定？

用耐心搞定難纏的人

求人辦事時應該用耐心等候對方改變心意，只要讓對方點頭答應，還有什麼事情搞不定？

優柔寡斷的人遇事猶豫不決，拿不定主意，這種人最討厭受到逼迫，如果你過於著急，態度強硬，往往會適得其反，甚至會與對方反目成仇。

因此，對於這樣的人必須要有足夠的耐心，不能疾風暴雨，要和風細雨，慢慢地接觸、交涉，讓他反覆權衡利弊，列出多種方案進行比較，然後選擇最佳的方式，如此才能達到說服的目的。

一九三〇年，中原大戰爆發之後，雙方展開拉鋸戰。張學良因形勢不明朗而拿不定主意應該要加入蔣介石一方，還是中共那一方。

就在這個關鍵時候，蔣介石派吳鐵城前去說服張學良。由於張學良對說客拒而不見，吳鐵城便在飯店開了一套高級客房，讓夫人出面邀請東北軍將領聚會，包括張學良。

他們經常聚在一起打麻將，在過程中漸漸消除了對方的戒心而且成為朋友，話題越扯越接近戰事，吳鐵城不著痕跡地將蔣介石對張學良的渴求悄悄地灌輸給東北軍諸將領。

吳鐵城還在這個過程當中探知當年是張學良的三十歲壽誕，便秘密打了封電報到南京。

蔣介石獲悉這個消息之後，先是派代表前去祝壽，接著打電報，然後親自寫了封賀卡，還送賀禮隆重祝壽。

漸漸地，張學良的態度倒向了蔣介石，最後在瀋陽發出「和平通電」，表示易幟擁蔣，終於結束了一場戰亂。

吳鐵城用耐性說服了張學良的例子，說明了只要能解決關鍵人物，就能順解決事情。但是，要搞定難纏的人物，往往需要過人的耐心。

保有充分的耐心，能讓你的思維更加縝密，讓你在山窮水盡處能靜下心來凝視，終能看到柳暗花明的轉機。

耐心既是一個人修養的展現，也是求人辦事時應抱持的心態，用耐心等候對方改變心意，只要讓對方點頭答應，還有什麼事情搞不定？

關鍵人物身邊的人也要費心周旋

瞄準主要目標固然重要，但主要人物周圍那些具有相當影響力的人，有時對於行事的順暢度，會發揮意想不到的作用。

解決問題的時候，想要穩操勝券，除了著眼於上司、主管等主要負責人之外，還應該爭取足以影響這些領導者的「權威人物」的同情、支持和幫助。這麼一來，辦事才會更加順利。

也許你曾有過這樣的經驗，當自己推動某件事的時候，明明已經獲得上級主管同意，卻由於下面某個環節作梗而被擱置下來。這時，負責這個環節的人不論職位大小，就成了解決問題的「關鍵人物」。

北宋權臣蔡京曾一度被宋徽宗罷去相位，落到山窮水盡的地步。

但是，野心勃勃的他並不甘心就此退出政治舞台，於是積極進行多方活動，試圖東山再起。

首先，蔡京暗中囑託親信內侍求鄭貴妃為他說情，又請深得宋徽宗信任的鄭居中伺機進言。

一切妥當之後，蔡京便讓自己的黨羽直接上書給宋徽宗，大意是為他鳴冤叫屈，說蔡京改變法度，全是秉承聖上的旨意，並非獨斷專行；現在否定了他所作的一切，恐怕並不是皇帝的本心。

這些意見的要害是把宋徽宗也牽扯進去。宋徽宗見到奏表，果然沉吟不語，但也沒批覆。這時，鄭貴妃發揮枕邊作用。她早已看到表章的內容，又見到宋徽宗的這種表情，就順勢替蔡京說了幾句好話，宋徽宗便有些回心轉意。

第三步是請鄭居中出馬。鄭居中瞭解內情之後知道時機已經成熟，便約了自己的好友禮部侍郎劉正夫，二人先後晉見宋徽宗。

鄭居中先進去向宋徽宗說道：「陛下即位以來，重視禮樂教育等法，對國家和百姓都很有利，為什麼要改弦更張呢？」

一席話隻字未提蔡京，只把徽宗的功績歌頌一番，但暗中褒獎的卻是蔡京，因為肯定前段朝政的英明，就等於肯定了蔡京的貢獻。

接著，劉正夫又進去重複補充了一遍歌功頌德的話。宋徽宗聽了感到很舒坦，終於轉變態度驅逐劉逵，罷免趙挺之的相位，第二次起用蔡京為相。

蔡京的計謀之所以成功，在於靈活運用「關鍵人物」的影響力。

他並沒有直接去說服皇上，而是採取曲折迂迴的方式，請皇帝身邊的人爲他說情，結果如願以償。

日常生活中，不妨採用迂迴的方式來獲取自己想要的東西，也許你會因此得到意外的驚喜。

想搞定事情，要學著讓自己的手腕更加靈活，瞄準主要目標全力以赴固然很重要，但是對於主要人物周圍那些具有相當影響力的人，也要多花費心思與他們溝通。

那些人有時對於行事的順暢度，會發揮意想不到的作用。

真誠的關心，什麼人都搞得定

人與人之間的關係是相互的，只要試著用心去關心別人，那麼即使是陌生人，也能夠成為朋友。

不管願不願意，每個人的一生都會面對許許多多的陌生人。

對於我們的親人、朋友付出關心並不困難，然而，要對陌生人付出關心，對許多人而言，並不是一件簡單的事。

但是，很多時候，唯有關心對方，才能贏得對方的心，接下來才能讓自己的處事更加順利。

被譽為「魔術之王」的塞斯頓，前後周遊世界共四十年，一再創造出各種幻象魔術表演，令觀眾如癡如醉、驚奇不已，受到全球數千萬人的歡迎，獲得了巨大的成功。

他說，並不是他的魔術知識高人一籌，關於魔術的書籍已經有幾百種，而且有幾十個人知道的魔術與他一樣多。他認為，自己之所以能如此受歡迎，原因在於他擁有其他人所沒有的獨到優點——他在舞台上能夠展現自己的個性，有打動觀眾的獨特風格。

他是一位表演天才，瞭解人類的性格，他的每個手勢、每種聲調、每一次提起眼眉，都是經過事先的演練，他的每一個動作也都配合得天衣無縫。更為重要的是，塞斯頓真心關心觀眾的感受，能夠為觀眾付出所有的熱情。

有些技藝高超的魔術師認為觀眾都是一群笨蛋，都被自己騙得團團轉，但塞斯頓完全不那麼認為。他每次上台之前都會對自己說：「感謝這些人看我的表演，是他們使我過著舒適的生活，我一定要盡力為他們帶來最棒的演出。」

塞斯頓就是這樣一位用關心贏得觀眾喜愛的表演者。

著名的心理學家阿德勒曾在《生活的意義》一書中說：「對別人漠不關心的人，他的一生困難最多，對別人的損害也最大。所有人類的失敗，都是由這些人造成的。」

事實上，如果能夠眞心誠意地關心別人，那麼你的生活將會更加順利，別人對你的幫助也將使你大爲受益。

在生活中，大多數人往往苦嘆不知該如何消除與陌生人之間的隔閡，進而使雙方熟悉，展開交往。每個人都想博得他人的關心與認可，但是卻忽略了對別人的關心與認可，結果當然不會有人來關心自己。

其實，人與人之間的關係是相互的，你不關心別人，別人也不會關心你。假如你只希望受到注意，只想讓別人對你產生興趣，卻不在乎別人的想法，那你就永遠也不會擁有眞摯誠懇的朋友。

只要試著用心去關心別人，那麼即使是陌生人，也能夠成爲有用的朋友，幫你完成一些原本難以完成的事情。要使別人喜歡你，或是得到別人的幫助，讓生活更加愉快，就請從改變自己開始——眞誠地關心別人，愛護別人。

誠實信用是成功的好幫手

信用、信義對每個人來說都很重要，在商場上更是如此。以誠相待才能獲得更多信任。

信用是商業社會的通行證，信譽則是商人成功的利器。在生意場上，經營者時時面臨客戶對於自己的能力和經驗的考驗。久經「沙場」的大企業家、大商人能夠成功的原因，除了他們擁有睿智的頭腦之外，還依賴於他們真誠的心意。

美國房地產鉅賈霍爾默先生有一次承接一筆房地產買賣，這個項目著實讓他很煩惱。這塊土地雖然接近火車站，交通便利，但它同時也緊挨著一家木材加工廠，終日充斥著令人難以忍受的噪音。

幾次交易都由於他刻意隱瞞事實而導致洽談失敗。後來，霍爾默先生決定做一次全方位嚴肅、細密的考察。

不久之後，他又找到一位想要購買土地的顧客。這一次他改變洽談方式，開門見山地向顧客說明：「這塊土地交通便利，價格便宜，但它之所以價格較低是因為它緊臨一家木材加工廠，噪音很大。」

霍爾默先生見到顧客一言不發，就繼續說：「如果您能容忍噪音，它將是您最理想的選擇。」

沒過多久，該名顧客在霍爾默帶領下到現場實地考查，結果感到非常滿意。他對霍爾默先生說：「我還以為你特別提到的噪音問題有多嚴重，這種噪音對我來說算不上什麼。我以往住的地方重型卡車整天來來往往，這裡的噪音一天只有幾個小時，總體來說我很滿意。你這個人做生意很實在，不像其他人遇到這種問題往往選擇隱瞞事實，讓我放心許多。」

於是，這項業務便輕鬆成交。霍爾默先生成功的原因在於他沒有隱瞞事實，用誠實的態度贏得了顧客的信賴。

日本企業家小池出身貧寒，二十歲時就在一家機器公司擔任推銷員。

有一段時期，他推銷機器非常順利，不到半個月就與三十三位顧客做成了生意。

但是，在偶然的情況下，他發現自己販售的機器價格比其他公司同樣性能的機器貴上許多，他想，如果這個消息被客戶知道了，一定會對他的信用產生懷疑。

於是，小池帶著訂貨單和訂金，逐一找到客戶，然後老老實實地向客戶說明，他所賣的機器比別家的貴，請他們放棄向他購買。

這種以誠相待的做法，深深地打動了每個訂戶，結果三十三個顧客沒有一個人放棄與小池合作，反而更加深了對他的信任和欽佩。

此後，小池誠實待人的事情在業界廣為流傳，前來向他訂貨的客戶絡繹不絕，沒過多久，小池就成了一名成功的推銷員，並獲得了豐厚的經濟收益。

華盛頓曾說過：「一定要信守諾言，不要去做自己能力不及的事情。」

不要爲了譁衆取寵而輕易承諾，要是輕諾寡信，不能如約履行，便很容易失去別人對你的信賴。

信用、信譽對每個人來說都很重要，在商場上更是如此。

戰場上拼的是火力，商場上拼的是信譽，除了具備敏銳的洞察力、睿智的頭腦外，關鍵時候還需要一顆眞誠的心。

注意自己的信譽，對客戶以誠相待，才能獲得更多信任，只要搞定了你的客戶，取得成功自然就不是什麼難事了。

想搞定人，先營造對話氣氛

想要讓對方對你暢所欲言，首先要激起對方的情感，讓對方的卸下心理防備，這時候，你就搞定他了！

寒暄是交際中的潤滑劑，它能在陌生人之間架起一條友誼的橋樑。適度的寒暄能產生認同心理，滿足雙方的親和要求。可以說，寒暄是人際交往中一個必要的環節。

初次見面的人，彼此都不太瞭解，往往會出現尷尬的氣氛。這時不妨說一些問候的話語，例如「天氣好像有點冷」或者「最近忙什麼」等等。雖然這些寒暄並不重要，但是，正是這些話使初次見面者免於尷尬。

二十世紀八〇年代，義大利著名女記者奧琳埃娜．法拉奇計劃到中國對鄧小平進行專訪。

當時中國大陸剛剛改革開放，在此之前，與西方世界有著長達幾十年的冷戰，法拉奇非常擔心至這次專訪無法順利進行。因此，她翻閱了許多有關鄧小平的書籍，讀到一本傳記時，注意到鄧小平的生日是一九〇四年八月二十二日，於是，她腦海中有了一些想法。

一九八〇年的八月二十二日，鄧小平接受法拉奇的專訪。

「鄧小平先生，首先我謹代表我們義大利人民祝福您生日快樂！」法拉奇十分謙遜有禮地說道。

「生日快樂？我的生日到了嗎？」或許是由於工作太繁忙，鄧小平連自己的生日都沒有注意。

「是的，鄧小平先生，今天確實是您的生日，我是從您的傳記當中得知的。」法拉奇信心十足地說。

「喔！我總是不記得我的生日。而且我已經七十六歲了，早就是衰退的年齡了！

這也值得祝賀？」

顯然地，法拉奇的問候已經讓鄧小平對她有了好感，所以鄧小平不禁和她開了個小小的玩笑。

「鄧小平先生，我的父親也是七十六歲，如果我對他說那是一個衰退的年齡，我想他也許會給我一巴掌！」

法拉奇也和鄧小平開起玩笑。

鄧小平聽了她的回答，開懷大笑了起來。接下來便是法拉奇此行的真正目的，她將談話引入正題，「鄧小平先生，我想請教您幾個大家都十分關心的問題，不知您能否給我一個圓滿的解答？」

「我盡力吧，儘量不讓妳感到失望。我總不能讓遠道而來的客人空手而回吧！中國可是個禮義之邦。」

採訪就在十分融洽輕鬆的氣氛中順利完成。

正是由於法拉奇在採訪開始前營造了一個良好的對話氣氛，所以她接下來提出的問題都得到了令人滿意的答覆。

想要讓對方對你暢所欲言，首先要激起對方的情感，讓對方的卸下心理防備，這時，人的心理才具有容納性，才容易接受你的觀點和勸導。

寒暄成功的前提是，對對方有一定的瞭解，這樣才能佔據主動地位。同時，談話時語氣要輕鬆柔和，就像茶餘飯後的閒談，語氣緩和，充滿感情，讓對方徹底放鬆，進而打開心房，這時候，你就搞定他了！

朋友相處，應該寬容互助

讓自己的胸懷寬廣、度量恢宏，學會寬待朋友，不要讓暫時的不愉快影響了本該持續一生的友誼。

與人往來必須要嚴於律己，寬以待人。

嚴於律己，就是要嚴格約束自己，做事儘量減少發生差錯；寬以待人，便是對人寬厚容讓、和氣大度。

處理人際間的複雜關係，不妨寬容一點，千萬不要當成兩軍交戰。

和朋友之間有了嫌隙，也應當設法化解，不必鬧到老死不相往來的地步。這樣，只會讓你失去許多助力。

蘇東坡年輕的時候有一個朋友名為章惇，後來成為宰相，執掌大權。誰知他把持政局時，竟然將蘇東坡發配到嶺南，接著又貶至海南。

後來，蘇東坡遇赦北歸，章惇正好垮台，被放逐到嶺南的雷州半島。

蘇東坡聽到這個消息，寫了封信給章惇，信中說當他聽到這個消息是如何地驚嘆，這麼大把年紀還要浪跡天涯，沉重的心情可想而知，幸好雷州一帶雖然偏遠，但無瘴氣。

他同時安慰章惇的老母親，並請章惇不要再提過去的事情，多想想將來。

蘇東坡如此大度，章惇感到羞愧不已，一家人都對蘇東坡心存感激。

想化解對立，就必須放下仇恨；有了寬容的心，才能贏得人心。

湯姆由於好友彼得在自己公司的電腦上動了手腳，使他損失了幾十萬美元。儘管湯姆提出告訴讓彼得進了牢房，但是還覺得不夠，幾年過去了，他心中始終憤憤不平。

彼得被保釋出來之後，覺得自己非常對不起湯姆，打了好幾次電話向湯姆道歉，但湯姆一聽是彼得的聲音，不由分說立刻將電話掛斷。

湯姆的妻子知道之後，多次勸他應該寬宏大量，放棄前嫌，而且彼得是個電腦專家，如果與他合作，對於他的事業將有很大的幫助。

湯姆經過幾番深思，覺得妻子說得很有道理，但是每次拿起電話，想要打給彼得時，卻又覺得無話可說，腦海中一直浮現那幾十萬美元，於是又放下電話長嘆一口氣。

兩個多月過去了，湯姆總是處於這種矛盾之中，覺得自己應該原諒彼得，卻又覺得不應該這麼輕易放過他。

於是，湯姆去看了一位心理醫生。

「你心中形成一種心理障礙，這種障礙不僅會妨礙你與彼得的關係，也會妨礙與他人的交往，你必須積極地清除它。」醫生說。

回到家後，湯姆終於鼓起勇氣打電話給彼得，約彼得隔天到公司見面。

第二天，他們見面之後談得很順利，湯姆還決定再次聘用彼得到公司工作，他對彼得說：「我相信你不會再次辜負我。」

從此，彼得全力與湯姆合作，在彼得幫助下，湯姆取得了不錯的成就。

良好的友誼對於雙方都是有益無害的，「破鏡重圓」的友誼透過間接的修補只會比當初更加燦爛。所以，學會寬待朋友，不要讓一時的不愉快影響了本該持續一生的友誼。

一個人不僅要讓自己的胸懷寬廣、度量恢宏，更要注意朋友的自尊。損失了金錢，還可以再賺回來，一旦自尊心受到傷害，就不是那麼容易彌補的，甚至還可能因此為自己樹立一個敵人。

缺乏體諒就沒人願意幫忙

相互理解能讓友誼更加穩固，也是順利溝通的基礎。唯有尊重他人，對方才會願意與你誠摯往來，讓處事更加順利。

相互體諒是雙方友誼的橋樑。

現代人越來越強調個性，好勝心極強，有時候把事情做得很「絕」，一定要到篤定自己獲得勝利才肯罷手。這麼做雖然爭得了面子或是獲得利益，卻會傷害朋友之間的感情。

其實，每個人的想法、價值觀念和判斷標準都不同，對於事物的看法也就會有很大的差異。有些人認爲習以爲常的東西，有些人卻覺得很奇怪；有的人認爲值得驚奇的事情，有些人卻覺得他們大驚小怪。

因此，一個聰明且有理智的人既應該有自己獨特的見解，更應該設身處地站在他人的立場著想。學會理解人，也就是學會尊重他人，並以寬容、公平、冷靜的心態與他人友好地相處。

詩嫻和文華是同事，也是多年的好朋友，兩人有一個共同的興趣，就是喜歡讀書，但是最近她們卻因為讀書而傷了以往友好的感情。

事情是這樣，詩嫻喜愛三毛的作品，文華卻迷戀金庸的小說。兩個人對此表示不同的見解，這原本是相當普通的事，但詩嫻卻經常對文華冷嘲熱諷，還把金庸的小說抨擊得體無完膚，並力勸文華改變讀書興趣。文華感到很不服氣，於是兩人不歡而散。

詩嫻還與一個不錯的對象交往，兩個人一開始相處得很融洽，但在後來談到對於未來新房的佈置時，又鬧僵了。原因是詩嫻要她的男朋友完全順從她的意見。如果男友表示異議，她就認為對方古怪，不可理喻。

正是由於詩嫻抱著這種不願理解他人的觀念，使她在交友與戀愛上不斷受挫，終於讓自己處於孤立的境地，失去了友誼和愛情。

因為沒有人願意與一個過分挑剔的人為友，也沒有人想要跟一個只顧自己嗜好，而不允許他人保有個人愛好的人結成終身伴侶。

管仲和鮑叔牙的相交，在歷史上稱爲「管鮑之交」、「管鮑遺風」。這段令人稱頌的友誼揭示了許多交友的眞諦，其中最重要的一點就是相互的理解以及人性化的眞誠關愛。

在這個紛紛擾擾的時代，人與人之間充滿著爭執、衝突、競爭、交戰，許多無謂的爭執衝突，都是溝通不良引起的！

不理解他人，把自己的觀點強加於人，要求他人的言行必須與自己的想法一致，這不但是不正確的行爲，也代表了一個人缺乏修養。這種人既交不到朋友，做事也很難獲得成功。

相互理解能讓友誼更加穩固，也是順利溝通的基礎。唯有懂得尊重他人，對方才會願意與你誠摯往來，讓處事更加順利。

微笑是最有效的社交技巧

微笑在社交中是一個非常有效的技巧，懂得微笑的人，讓處事更順利，人際關係更友好。

「微笑是世界通用的語言」，這句話說得精闢入微。的確，現實生活中最容易被人接受和理解的，非微笑莫屬了。

沒有人不會微笑，不論地位崇高卑微，不論是富翁還是窮人，都擁有微笑。它能爲家庭帶來快樂，爲朋友帶來溫馨，是世界上最好的禮物。

所以，時常將微笑掛在臉上，是讓他人喜歡你的好方法。

湯瑪斯．愛德華是一家上市公司的負責人，也是一位擁有億萬財富的富翁。在他成功之前，只是一家公司的小職員，不善言談、表情呆板、個性木訥，不受大家歡迎。

後來，他決心改變自己，於是經常將開朗的、快樂的微笑掛在臉上。

之後，每個人都意識到愛德華的與眾不同。他每天早上都對他的太太展露微笑，對每個人笑臉相迎，對大樓的電梯管理員如此，對大樓走廊上的警衛如此，對清潔人員還是一樣。

他在公司對所有的同事微笑，也對那些陌生的客戶微笑。自然而然地，每個人回報給他的當然也都是微笑。

就這樣，以前討厭他的人也逐漸改變了觀點，與他逐漸拉近距離，他變成一個受人歡迎的人，原本很棘手的問題，到他的手中都能順利解決。

愛德華的例子清楚地展現了微笑的重要作用，那正是讓他成功的一個重要因素。微笑在社交中是一個非常有效的技巧，同時也是一種禮貌，可以表現出一個人的涵養和水準。

一個深切體會到微笑妙用的公司負責人說：「我剛開始對同事微笑時，起初大家非常不解，甚至感到不可思議，但是接下來的就是欣喜、讚許。一段時間之後，我覺得生活比過去快樂多了，我比以往得到更多的滿足感與成就感。現在，微笑對我來說已經成爲一種習慣，我對別人微笑，別人也報以微笑，過去冷若冰霜的人，現在也熱情友好起來。」

眞誠的微笑是善意的信使，可以將眞誠的心意傳遞給其他人。經常展露眞誠微笑的人能獲得更多眞心的幫助，也更容易獲得他人的信任。

懂得微笑的人，人緣會逐漸變好，也會得到他人的讚許，讓處事更順利，人際關係更友好。

用幽默的態度開拓人生的寬度

善用幽默的技巧，可以幫助我們潤滑人與人之間的關係，化解不必要的衝突。改變生活的態度，就能輕鬆贏得人生的寬度。

人生豈能盡如己意，不如意的事情多了，日子就難過了。但是，日子再難過還是得過，不是嗎？

何不學著以幽默的角度來看待生活中的困境，以輕鬆的態度來面對問題？壓力減輕了，心情自然好，心情變好了，事情說不定也會跟著轉危爲安。

幽默大師林語堂在〈談幽默〉一文裡，曾經這麼說：「現代人把人生看得太嚴重，世界就充滿了苦惱。我們不應該忽略了幽默的重要性，因為幽默感可以改變整個人類文化生活的性質。」

培養幽默感，可以讓我們的生活過得更快樂。從前有過這麼一個故事，故事裡的主角緬伯高就是靠著幽默感來讓自己脫離險境，免去被砍頭的命運。

唐朝時，有一個地方官，偶然得到了一隻稀有的飛禽——天鵝，便派一位名叫緬伯高的心腹送去給皇帝作為貢品。

緬伯高就這麼抱著天鵝往京城出發。走著走著，走到了沔陽湖邊，緬伯高越看越覺得這隻天鵝的毛羽不夠雪白，就打算停下來幫天鵝洗個澡。

只見他小心翼翼地將天鵝放入水中，正要動手幫天鵝把羽毛刷洗乾淨。不料，手才一放，天鵝就振翅飛走了，只飄飄落下一根鵝毛，掉在緬伯高跟前。

緬伯高既沒有辦法捉回天鵝，又不敢違背地方官的命令，只好拿著這根鵝毛來到京城晉見皇帝。他害怕會因此受到皇帝的處罰，於是就編了一首順口溜：

將鵝貢唐朝，山高路遙遙；沔陽湖失去，倒地哭號號。

上覆唐天子，可饒緬伯高？禮輕情意重，千里送鵝毛。

大意就是：我經過了萬水千山來向您朝貢，可是到了沔陽湖時天鵝卻飛走了，令我悲痛欲絕；今天特地前來懇求唐朝天子，請您饒了緬伯高。再說，千里送鵝毛，禮物雖輕卻是情意深重。

皇帝收到一根鵝毛為禮，心裡豈會高興到哪裡去？但是聽了緬伯高的說法後又不覺莞爾，便下令饒恕了他。

緬伯高雖然不小心壞了事，但憑著他的機智總算保住了一條性命。他以幽默的話語，調侃自己的遭遇，雖然天鵝沒送成，但至少也達到博君一粲的效果。

莎士比亞曾經這麼說：「誰要是能夠把悲哀一笑置之，悲哀也會減弱它咬人的力量。」

人生總有很多時候難免事與願違，縱使我們再不情願，也無力去改變。例如，老天要下雨颳風淹大水，這些都不是我們能掌握的狀況，除了想辦法將災害降到最低之外，又有什麼方法？

遇到挫折，總會讓人感到難過，對於那些無能爲力的問題狀況，更是讓人既無奈又沮喪。可是，不論我們怎麼預防，挫折還是會出現，失敗還是在所難免。我們當然可以選擇憎恨和埋怨，但那於事無補，不是嗎？如果面對這樣的挫折，能以幽默的態度視之，聳聳肩，笑一笑，事情便似乎不那麼嚴重了。

知名作家米蘭．昆德拉在書中曾經這麼說：「既然生命始終不如人意，那就把它當成是一種玩笑吧！」

能夠笑看人生悲歡離合的人，應該也是心靈最富有的人吧！

日本教育家池田大作說：「幽默是人類情感的自然流露，直接聯結在對方的本性上，可以像潤滑油一樣滋潤人生。」

善用幽默的技巧，可以幫助我們潤滑人與人之間的關係，化解不必要的衝突；改變生活的態度，就能輕鬆贏得人生的寬度。

4.
PART

使場面難堪的實話，不說也罷

如果講實話會造成對方的難堪，或者對自己造成妨礙，那就該暫且忍耐，甚至不說也罷。

懂得尊重，才有良好互動

與他人發生摩擦時，首先要了解對方的想法，然後在顧及顏面的前提之下，陳述意見，留下一些餘地。

人與人之間的交往，說穿了就是心與心的交往，所以誠心換來的是眞情，壞心換來的是歹意。

春秋時代，群雄並立，其中有一個小國，名叫中山。

一次，中山的國君設宴款待國內名士，不料羊肉湯準備的份量不夠，無法讓在場的人都喝上。

沒有喝到羊肉湯的司馬子期感到很失面子，便懷恨在心，竟然到楚國勸楚王攻打中山國。

中山國很快被攻破，國君不得已，只得逃往國外。他一路狼狽地奔逃，卻發現有兩個人拿著武器跟在後面，便問：「你們來幹什麼？」

那兩人回答：「從前有一個人，曾因得到您賜予的一點食物而免於餓死，我們就是他的兒子。我們的父親臨死前囑咐，不管中山國以後出什麼事，我們都必須竭盡全力，以死報效君王。」

中山國君聽完，感歎地說：「仇怨不在乎深淺，而在於是否傷了別人的心。我因為一杯羊肉湯而亡國，卻又由於一點食物而得到兩位勇士。」

這故事告訴我們，與人相處過程中，千萬不可傷及對方的自尊，而要拿出真心，設身處地和他人交往。

從前有一位高官，喜歡下棋，自詡為高手，相當自傲。

某甲是他門下眾多食客中的一名，有相當不錯的才幹和智慧。有一天兩人下棋，某甲一下手便咄咄逼人，下到後來，竟逼得這位高官心神失常，滿頭大汗，狀況非常狼狽。

某甲見對方神情焦急，格外高興，故意留一個破綻。高官一見，滿以為可以轉敗為勝，誰知某甲又突出妙手，局面立時翻盤。

只見某甲得意地道：「你還想不死嗎？」

這位高官遭此打擊，心中很不高興，雖然有一定的修養，也禁不起刻意嘲弄，於是起身便走。

從此以後，這位高官便對某甲有了極深的成見，再也不願見他的面，當然更不可能提拔了。

可悲的是，某甲始終不明白自己犯了什麼錯，鬱鬱不得志，以食客終其身。到死之前，他都不知道自己錯在不懂得顧全別人的自尊。

如果遇到必須取勝、無法讓步的事，又該怎麼做呢？

切記，即便如此，仍然要給別人留一點餘地。就好像下圍棋一樣，「贏一目是贏，贏一百目也是贏」，那麼只要能得勝就行了，何必讓對方滿盤皆輸、走投無路？

又比如與人爭辯，以嚴密的辯論將對手駁倒固然令人高興，但絕對沒必要批駁得體無完膚。這樣做不但對自己毫無好處，甚至會自食惡果，於日後遭到更猛烈的反擊。

與他人發生摩擦時，首先要了解對方的想法，然後在顧及彼此顏面的前提之下，陳述自己的意見，留下一些餘地。

懂得尊重，人際之間才有良好互動，這是一個不爭的眞理。

別招惹心胸狹窄的小人

小人始終躲在暗處，用盡陰險手段算計他人，而且不肯輕易罷手。不要輕易得罪小人，以防吃虧。

與人交往，想要維持良好的人際關係，就要避免得罪人。

有些人，你不慎得罪之後，可以透過誠心的賠罪彌補和對方言歸於好，但也有些人，一旦和你有了嫌隙，就會長久地記恨在心，使手段害你。後者就是你無論如何都不可以得罪的小人。

所謂不該得罪的人，指人品差、氣量小、不擇手段、損人利己之輩。

誰都不願意與這類難纏的人打交道，但不管願意還是不願意，仍不可避免地會碰上，這種時候千萬要小心，因爲對方得罪不起。

這些人當中的大多數，眼睛總牢牢地盯著別人的利益，隨時準備多撈一份，爲此不惜動用各種手段來算計別人，令身邊人防不勝防，說不準自己什麼時候會吃虧。

唐玄宗相當喜歡外表漂亮、一表人才、氣宇軒昂的武將，但宰相李林甫心胸極端狹窄，容不得其他人受到玄宗寵愛。

有天，唐玄宗在李林甫陪同下，於花園裡散步，遠遠看見一位相貌堂堂、身材魁武的武將走過去，便感歎了一句：「真威武！」並隨口詢問那位將軍的名字。

李林甫支吾著說不知道，心裡非常慌張，升起一股危機感，生怕唐玄宗會重用那位將軍。

事後，李林甫立即找了個藉口，神不知鬼不覺地暗中把那位受到讚揚的將軍，調到了一個非常偏遠的地方，使他再也沒有機會接觸到唐玄宗，當然，也就永遠喪失了升遷的機會。

小人是琢磨別人的專家，時常爲芝麻大的恩怨付出一切代價，因此在待人處世中，想順利與小人打交道，甚至從他們身上討得便宜，還非得拿出一套行之有效的方法不可。

什麼樣的方法，才能聰明省力地對付或利用小人呢？

如果你不想把自己的水準降低到與小人同等，也不想跟小人兩敗俱傷，那就把臉皮磨厚點吧！或者睜隻眼閉隻眼，不理了事；或者惹不起、躲得起，儘量不與小人發生正面衝突。

謹記一句話：不到萬不得已，千萬別得罪小人。

爲大唐中興立下赫赫戰功的名將郭子儀，不僅於戰場上橫掃千軍，在待人處世上也是一等一的高手。

他與人打交道的秘訣，就是：「寧得罪君子，不得罪小人。」

「安史之亂」平定後，立下大功並且身居高位的郭子儀並不居功自傲，為防小人嫉妒，待人接物上反而比先前更加小心。

一次，郭子儀生病臥床，有個叫盧杞的官員前來探訪。

盧杞這個人相貌奇醜，生就一副鐵青臉，臉形寬短、鼻子扁平、鼻孔朝天、眼睛小得出奇，活像個惡鬼。正因為如此，一般婦女看到他這副尊容，都不免掩口失笑。

郭子儀聽到門人的通報，馬上下令左右姬妾都退到後堂去，不要露面，他獨自一人招呼即可。

盧杞走後，姬妾們回到病榻前問郭子儀：「許多官員都來探望您，您從來不讓我們迴避，為什麼此人前來，就讓我們全部迴避呢？」

郭子儀微笑著說：「妳們有所不知，這個人相貌極為醜陋，而且內心十分陰險。萬一妳們看到他，忍不住失聲發笑，他一定會忌恨在心。若將來有一天讓他掌權，郭家就要遭殃了。」

後來，盧杞果真當上宰相，並極盡報復之能事，把所有以前得罪過他的人都陷害了，唯獨對郭子儀比較尊重，沒有動他一根毫毛。

這件事，充分展現出郭子儀的處世智慧。

要知道，小人之所以為小人，就是因為始終躲在暗處，用盡陰險手段算計他人，而且不肯輕易罷手。

為人處世中，不要輕易得罪小人，以防吃虧。君子不畏流言、不畏攻訐，因為問心無愧。小人則不然，為了自保、為了掩飾，會對你展開反擊，沒有做不出來的事。

千萬別說自己根本不在意，要知道，也許他們一時奈何不了你，但來日方長，不可不防。

管好嘴巴，只說安全的話

有話不一定能直說，說得不好反而害人害己。希望在人際交往中居於優勢嗎？請學著掌握說話的藝術，管好自己的嘴巴。

有的人說話，經常不掩飾自己的情緒，不管什麼場合，也不問對象是誰，不考慮會引起什麼後果，心裡有什麼就說什麼，直來直去，毫無顧忌，結果在無意中得罪了人。

說話辦事過程中，直話直說是致命傷。

別誤解，這絕不是在鼓勵說謊，而是在強調我們應該培養出正確態度，先看場合與對象，再決定該說什麼話。

尋找安全話題時，必須考慮以下幾項：

・選擇某位不大出名的歷史人物為話題

如果你不想再聽某人喋喋不休地談論當今國家大事，不妨「以毒攻毒」，找一位不太出名的歷史人物當焦點，巧妙地轉移話題，取得主動權，這一招再有效不過。

不過，要注意的是，應當先摸清對方的底細，因爲有些話題是不能隨意碰觸的。若是不巧碰上能人，你卻還胡亂吹噓，「關公面前耍大刀」，下場就不會太好看了。

・用涵義廣泛的形容詞

交談中運用的形容詞，最好能適用於任何一個方面。

例如，有人要你對毫無所知的某本書、某齣舞台劇、某部電影或某張音樂專輯發表意見，你不妨說「我喜歡早期的作品，比較單純」，或者說「我喜歡後期的作品，比較成熟」。

這類論點無本身是非可言，無論對方是否同意，都不能說你錯。

•講述一些歷久彌新的趣聞逸事

不必發表長篇大論，也可以令人覺得你學問淵博。若能在節骨眼上講出一樁人所罕知的事，會使人深信你滿腹經綸。

例如，記住某某作家有什麼特別的經歷，或者跟另外一位名人有什麼樣的關係，然後在跟別人閒聊文學、商界動態、名人花絮或見聞的時候，刻意表現出漫不經心的態度說出來。

如此一來，別人肯定會對你刮目相看。

•發表別人無從駁斥的見解

閒談中，難免會聽見對方問：「你認爲如何？」

你可能不想把眞正的想法說出來，或者根本無法回答，因爲你剛才沒有注意聽，腦袋裡想的都是其他事情，例如赴宴途中汽車發出的怪聲，或者剛才看完的某部電影裡令你念念不忘的橋段。

這種時候，千萬不要慌張，發表一些是似而非、他人無從反駁起的見解即可，例如「那得看情況而定」、「不能一概而論」、「在那種時候，本來就會有這樣的事情發生」。

・高明地搪塞躲避

要是有個粗魯的人竭力想揭穿你的把戲，千萬別慌，也別跟對方直接衝突，大可以試著轉移所有人的注意力，例如搬出一個讓自己必須馬上離開的理由，高明地自我解圍。

有話不一定能直說，說得不好反而害人害己。

有些時候，你明明出於好意向別人獻上忠言，可對方非但不領情，反而使你有如「豬八戒照鏡子」，裡外不是人。

可曾認眞想過，出現這類現象的原因，究竟何在？

事實證明，大多都是實話實說、直來直往造成的。你希望能夠在人際交往中居於優勢嗎？那麼，請學著掌握說話的藝術，管好自己的嘴巴。

使場面難堪的實話，不說也罷

如果講實話會造成對方的難堪，或者對自己造成妨礙，那就該暫且忍耐，甚至不說也罷。

在社會上與人交際的機會越多，越會發現，很多時候，老實說話反而招人厭煩、破壞氣氛，並不受歡迎。

會說話的人早就預料到這種結果，所以在爲人處世過程中，能表現得與眾不同，彈性地根據場合、對象，區別對待，說出最合適的話。

從前，有一個非常誠實的人，無論別人問什麼事情，他都照實說。

因為這樣，他得罪了很多人，甚至連工作都丟掉了，變得一貧如洗，根本無處小朋友們，聖誕老人替你們帶來了什麼禮物？」

鄧肯馬上站起來，嚴肅地說：「世界上根本沒有聖誕老人。」

老師雖然很生氣，但還是壓住心中的怒火，改口說：「相信聖誕老人的乖女孩，才能得到糖果喔！」

想不到鄧肯接著回答：「我才不稀罕糖果。」

老師勃然大怒，處罰鄧肯坐到教室前面的地板上。

這個故事裡，鄧肯還是個孩子，因此老師再怎麼生氣，頂多也只是稍微處罰她便了事。但如果換成一名公司職員拆老闆的台，讓老闆難堪，恐怕就眞得吃不完兜著走了。

如果講實話會造成對方的難堪，或者對自己造成妨礙，那就該暫且忍耐，甚至不說也罷。在社會上打滾，必備的保身秘訣之一，就是看臉色、看場合，審愼思考後才說出最合適的話。

善用同理心博取對方認同

若想要別人接受你的意見，就要先對他表示出同情與了解，並試著站在對方的立場上分析事情，如此對方就會比較容易接受你的想法。

不論哪種形式的交涉，都可能出現相持不下的情況。在對峙的氣氛中，應該儘量運用「柔性應付法」來化解彼此之間的矛盾、摩擦，進而軟化對方的主張，千萬不要針鋒相對。

人很難透過強迫性的舉動，說服別人贊成自己的想法、做法，相反的，強硬的方式只會衍生負面的結果，最終與自己的期待背道而馳。

想在說話辦事過程中獲得勝利，要訣是切入對方的思考模式，再視實際情況進行良性互動，讓結局有利於自己。

能不能掌握人性的弱點，看穿對方的心理，往往就是交涉溝通能否順利的最重要關鍵。

如何運用同理心是交際藝術中非常重要的一點，人類社會正是因爲人們互相勉勵和安慰，心靈上相互理解，才發展到現在這個水平。

像卡內基就常對他的親人和朋友們說：「好好養病，不用多久你就能健康地走出醫院啦！」或是：「努力做吧！憑著你的聰明才智，肯定會做出一番成就的。」還有：「只要你堅持下去，成功之路就會展現在你面前。」

卡內基的朋友們也常常在這樣的言語激勵下，獲得信心和勇氣。

另外，同理心對緩和狂暴的感情有很大的幫助。

據調查，有百分之七十五的人都渴望得到別人的同情，若是懂得同情別人，便會受人喜歡。

眾所周知，每一任白宮的主人每天都要遇到很多棘手的問題。塔夫特總統也是如此，但是他憑著多年的經驗，總結出「同情」在和緩、撫平狂暴感情上有著巨大的價值，並且在他的《服務的道德》一書中，詳細說明了他如何應用「同情」來平息一位母親的怒火。

塔夫特在書中這樣寫道：「有位住在華盛頓的女士，憑藉著她丈夫在政治領域有一定的威信，不斷糾纏我長達六個多星期，並請我為她兒子找個合適的工作，她甚至還請了許多參議員和眾議員幫她，並和他們一起來見我。但她要求的那項職位的擔任者需具備一定的技術條件，因此我根據局長的推薦任用了另一個人。不久後，我便接到這位母親的來信，她信中說我是世界上最差勁的人，因為我令她非常不愉快；她還在信中說她將和某個州代表共同反對一項我正打算批准的法案，她說這是我應得的報應。」

「看了那封信之後，我靜靜地坐下來，盡可能用禮貌的語氣寫了封回信給她。我說，碰到這種事，身為一個母親肯定十分失望，但事實是任命誰並非由我個人來決定；我對她表示，我由衷希望她兒子能在目前的職位上有所成就。那封回信似乎化解了她的怒氣，之後她寫了封信給我，說她對之前的行為感到十分抱歉。」

「但出乎我意料的是，我送出去的那項任命案並未獲得通過，而且又過了一段時間，我收到一封聲稱是她丈夫的來信，但據我看來，這封信的筆跡和之前的一模一樣。信上說，因為他太太在這件事情上受到嚴重的打擊，導致神經衰弱，臥病於床，現已演變成胃癌，並問我能否把那個職位給他兒子。」

「這逼得我不得不再寫一封回信，當然，這次是寫給她丈夫的。我在信中說我很同情他們的遭遇，並希望他夫人的診斷結果不是真的，但是要把已任命的人換掉是不可能的。那項任命案最終還是獲得了通過。這之後過沒多久，我在白宮舉行了一次音樂會，讓我意想不到的是，最先向我夫人和我致敬的，竟是這位丈夫和他差點『死去』的妻子。」

塔夫特總統的例子證明同理心的作用力很大，又能改變一個人的看法。

事實上，面對這種情況，你要真心誠意地說：「我能理解你有這種感覺。如果我是你的話，也會跟你有相同的想法。」

只要能充分表達這個想法，就能免去爭執，消除對方的負面情緒，並創造出良好的氣氛，即使是壞脾氣的老頑固，態度也會不自覺地軟化。

滿古是吐薩市一家電梯公司的業務代表，這家公司負責維修市裡最好的飯店的電梯。該飯店為了效益，每次維修只准停兩個小時，但一般維修至少要花八個小時，而且在飯店停用電梯的這兩個小時內，他們公司又不一定能派得出工人。

於是，滿古派出公司內最好的技工，同時也打電話給這家飯店的經理。

他沒有花時間和經理爭辯，只是說：「瑞克，我知道你的客人很多，也知道你不想影響飯店的效益，所以儘量減少停用電梯的時間，我們也會儘量配合你的要求。但你知道，當我們檢測出故障而又不能把它徹底修好的話，那麼電梯的情況會更糟的，到最後可能還要多耽誤一些時間，而我知道你絕對不會願意讓客人好幾天都無法使用電梯的。」

聽完這段話後，經理不得不讓電梯停開八個小時，畢竟這樣總比停用幾天要好多了。

滿古站在飯店經理的立場，從客人的角度去分析電梯維修問題，自然很容易就獲得了經理的同意。

諾瑞絲是一位鋼琴教師，她的學生貝蒂總留著長長的指甲，問題是想要學好鋼琴，就不應留長指甲。於是，諾瑞絲打算勸貝蒂剪去她的指甲。

上鋼琴課之前，她們的談話內容根本沒有提到貝蒂指甲的問題，這是因為那樣做可能會打消她學習的慾望，而且諾瑞絲也很清楚貝蒂非常以她的指甲為榮，經常花很多功夫照顧它。

上了第一堂課之後，諾瑞絲覺得開口的時機到了，對貝蒂說：「貝蒂，妳的指甲很漂亮呢！妳也想把鋼琴彈得這麼美嗎？那麼，要是妳能把指甲修得短一點的話，妳就會發現把鋼琴彈好是很容易的。妳仔細想想，好不好？」

貝蒂聽了之後，對她做了個鬼臉，意思是否定了她的提議。

然而，出乎諾瑞絲意料之外，當貝蒂下個星期去上鋼琴課時，貝蒂竟然把她心愛的指甲剪掉了。

諾瑞絲成功了，可是她並沒有強迫孩子那樣做，她只是暗示她：「我很同情妳，我知道妳一定很不忍心剪去妳的漂亮指甲，但妳若是想在音樂上得到收穫，恐怕就一定得這麼做。」

由此可見，若想要別人接受你的意見，就要先對他表示出同情與了解，並試著站在對方的立場上分析事情，如此對方就會比較容易接受你的想法，這正是「同理心」在人際關係和管理工作上最大的作用。

說話之時，先考慮清楚

說話是一門高深的藝術，開口之前，必須將事情考慮清楚，想好了再說，否則，別人會認為你是個有口無腦、不可信賴的人。

有句俗話說「逢人只說三分話」，對此你是否同意？

總有些人堅持大丈夫做人做事光明磊落，事無不可對人言，不可以只說三分話，這是一種太過單純的想法。

老於世故、善於交際的人，的確只說三分話，時刻不忘爲自己留條後路。千萬別認爲他們太狡猾、不誠實，其實這是最機智的做法，退可保身，進可佔得便宜，塑造出好形象。

說話前，必須先看清對方是什麼人，畢竟，如果不是可以盡言的人，說三分眞話，已經不算少了。

倘若面對的不是熟識相知的人，你卻暢所欲言、百無顧忌，對方的反應會如何？是否考慮過，你會不會在不知不覺間犯到他的忌諱？他眞的願意耗時間聽你嘮叨嗎？

彼此關係淺薄，你卻與之深談，顯出你欠缺修養與判斷力，只會讓自己在他人心中的印象分數大打折扣。

逢人只說三分話，不是不可說，而是不必說、不該說，這與自身心境行事的光明磊落、沒有任何衝突。

事無不可對人言，是指行事應該光明磊落，但是，你所做的事，並不需要一五一十地向別人宣佈。這麼做不僅可以自保，更可以避免帶給別人困擾，絕不是不誠實，更不等同於狡猾的表現。

說話本來就有三種限制，一是人，二是時，三是地。

非其人不必說。非其時，雖得其人，也不必說。得其人，得其時，而非其地，仍不必說。

非其人，你說三分眞話，已是太多；得其人，而非其時，你說三分話，正給他一個暗示，試探反應。得其人、得其時，而非其地，你說三分話，正可以引起注意，如有必要，不妨擇地與對方另作長談，這才最理想。

說話是一門高深的藝術，說好了萬事都好，說壞了則無異於自毀前程。

開口之前，必須將事情考慮清楚，想好了再說，否則，別人會認爲你是個有口無腦、不可信賴的人。

說真話不如說好聽的話

真誠待人固然沒錯，但是，在說老實話前要好好動動腦筋，更不可忘記分清場合，找準時機。

古羅馬思想家賀拉斯說：「懷著輕蔑對方的心理，就會使你的話語充滿怒氣，不僅會傷害別人，也會傷害自己。」

尖銳的言語和嚴厲的口氣，只會讓對方產生逆反心理，當你想和對方交流或是表達自己的意見時，千萬不要採取這種愚蠢的方式，要先透過適度的讚美緩和氣氛，等對方卸下心防之後，再適時說出自己的看法。

無論一個人身處在什麼樣的位置，也無論在何種情況下，都喜歡聽好話，喜歡受到別人的讚揚。

的確，各行各業的工作都很辛苦，能力雖然有大有小，仍免不了會希望付出的努力得到他人和社會的承認，此乃人之常情。

察覺別人有被誇讚的渴望，你會如何回應？

聰明的人，必然順水推舟，即使覺得對方表現不好，也不會直言相對。生性油滑、善於見風使舵的人，則會阿諛奉承，大拍馬屁。那些耿直的人，此時就大大吃虧了，若是實話實說，潑對方一盆冷水，必然給人留下壞印象，破壞了自己的人際關係。

有鋒芒也有魄力，並在特定的場合加以顯示，是很有必要的。這個尺度必須拿捏好，如果太過，不僅刺傷別人，更會損傷自己。

說眞話並不一定討好，是成是敗，加分或者扣分，取決於時機與方式，不能一概而論。

換一個角度，我們會看到，個體行爲的基本規律必定是趨利避害。

可以設想，如果某甲對別人的優點總是直言不諱，人們必定認定他是一個值得信賴的好人，樂於與他深交，並在人前人後誇讚他，某甲將因此感到快樂和自豪。也就是說，某甲的直言爲他贏得了報償，帶來了好處，那麼，他又何樂而不爲呢？

但是，如果某甲對別人的種種缺點也同樣直言不諱，結果就不會是人人稱讚、人見人愛了。

小雲認為同事小敏的衣服搭配得難看，便馬上對她說：「腿短又粗的人，根本不適合穿這種裙子。」

小雲的出發點其實是好意，說話方式卻十分不得體，只見小敏臉一沉，轉頭就走，從此再也不跟她打交道。

小雲確實是說了實話，但一點也不受歡迎。

眞誠待人固然沒錯，但是，在說老實話前要好好動動腦筋，不可忘記分清場合，找準時機。

場面話，該說就說

待人處世中，場面話是少不了的，言不由衷的場面話當然不可以濫用，但該說的時候，還是要聰明運用。

想打好人際關係，必須先澄清一個觀念：會說場面話，並不是性格虛僞、爲人狡詐的象徵。

事實上，這是疏通人際關係的一種有效手段，場面話說得到不到位，直接影響著人脈網的廣與狹。

會說場面話的人，多能在人際互動中建立起好形象。

但是，聽到別人對自己的場面話，就得動動腦子，認眞辨別眞僞了。否則，難保沒有吃虧上當的一天。

李強在一個單位埋頭苦幹了許多年，一直都沒有機會升遷，為此他感到十分苦惱，卻又不知道如何是好。

有一天，李強的一個朋友告訴他，另一個單位的營銷部有一個空缺，他便透過朋友牽線搭橋，拜訪了那單位人事部門的主管，希望能調到那裡去。

那位主管熱情地招待了李強和他的朋友，對李強的請求，拍著胸脯說：「沒有問題，我會盡力幫忙！」

李強認為已大功告成、十拿九穩，便與高采烈地回家等消息，沒料到轉眼兩個月過去，調動的事情竟連一點消息也沒有。

他感到不解，打電話詢問朋友，想知道到底出了什麼情況，朋友卻告訴他，那個位子已經被人搶先佔了。他頓時氣得火冒三丈，質問道：「當初都答應我了，而且還拍胸脯說沒有問題，為什麼現在會出現這種狀況？」

朋友對李強的質問，也不知如何回答是好。

其實，那位主管拍著胸脯承諾李強的話，不過只是場面話。

要知道，身爲主管可能接受的請託太多了，怎麼可能事事都辦到？李強卻沒有認清這個事實，傻傻相信，所以才吃了個啞巴虧。

說場面話是在現實社會中與人打交道無法避免的，更可以定義爲待人處世中不可缺少的生存智慧。

場面話，一般可分爲兩種：

・實話

現實生活中，必定接受過他人的讚賞，如誇讚你聰明、機智，讚揚你很會打扮，穿著多麼的時尚合體……等等。

這些都是場面話，但也可能陳述了某方面的事實。當然也有些場面話屬於應酬話，與事實有相當大的差距，不可輕易相信，否則就會受到矇蔽。

雖然場面話必定是光挑好聽的說，免不了不太切合實際，但只要差得不太遠，聽的人還是會感到高興。尤其是在人多的地方說場面話，更能收攏人心。

・言不由衷的承諾

與人交際中，我們經常會聽到類似的場面話，例如「你的事情包在我身上」、「我全力幫忙」、「有什麼問題儘管來找我」。

這一類型的場面話，有時不說眞的行不通，因爲對方運用壓力求你，若當面回絕，勢必會將場面弄得很尷尬，得罪人在所難免。

另外，如果碰上的是難纏的人，爲了讓你幫忙，死纏著你不肯離開，會是一件非常令人頭疼的事。這時，也只能用場面話先打發掉，他委託你辦的事情，能做到的盡力，做不到的日後再說。

千萬別以爲這是虛僞的表現，事實上，許多時候，不靠場面話不僅難以脫身，還會影響日後的人際關係。

待人處世中，場面話是少不了的，言不由衷的場面話當然不可以濫用，但該說的時候，還是要聰明運用。

熟識過程要把握說話分寸

與陌生人交談時千萬記得要把握說話的分寸，要慎言行事，切忌闖入他人的「禁區」。

與人初次溝通是否成功，對未來能否打開人際關係的大門特別重要。

這時，就要講究談話「尺度」，即把握好應對進退的分寸，即使是非常熟識的朋友之間也應該如此。

如果過度觸及對方的隱私，別人就會敬而遠之。

一天，剛進公司的李小姐被派到南部出差。在高鐵上，她碰到一位來華旅遊的澳洲女子瓊斯。

瓊斯很熱情，首先向李小姐打了個招呼，李小姐覺得不跟對方說幾句話似乎不夠友善，於是便以一口流利的英文，大大方方地與瓊斯聊了起來。

李小姐說：「妳今年多大了呢？」

瓊斯答非所問：「妳猜猜看。」

聽到這種不直接答覆的回應，李小姐應該明白對方不願意透露自己的隱私，但「很白」的李小姐卻沒有領悟過來，繼續說道：「到了妳這個年紀，一定已經結婚了吧？」

這一回，瓊斯的反應就相當直接了，她撇過頭去，再也不搭理她了。一直到下車，她們兩個人都沒有再說一句話。

李小姐與瓊斯話不投機，鬧得不歡而散，原因是她在交談當中沒有注意到對方不願意透露個人隱私。

與陌生人交談時，千萬記得要把握說話的分寸，對於一些含糊的言詞不要過分追根究柢，更不應該議論別人的短處。此外，人云亦云、自賣自誇或是過度囉嗦都會讓人對妳產生反感。

與人交流，暢所欲言雖然表現了不拘小節的氣度，但是也要愼言行事，掌握好說話的分寸，切忌闖入他人的「禁區」，別讓對方在你根本沒有機會搞定他之前，就把你列爲拒絕往來戶。

PART 5.

親和力讓言語更具影響力

交談時，我們需要對他人表示出真誠的興趣，並關注他的一舉一動，尋找細節，作為切入點。

管好自己的嘴巴，看人說話

場面話還是要說，只是在說之前務必考慮清楚，管好自己的嘴巴。要說，就說最貼切實際的場面話。

有句俗話「見人說人話，見鬼說鬼話」，清楚點出了一個事實——擁有看人說話的本事，非常重要。

與智慧型的人說話，要有廣博的知識；與學識淵博的人說話，辨析能力一定得強；與善辯的人說話，沒有必要囉囉嗦嗦。

與上司說話，要把話說到他心坎裡去；與下屬說話，必須讓他們感覺到你的慷慨大度。

別人不願意做的事情，不要勉強；別人喜歡做的，給予大力支持；別人喜歡聽的話要多說；別人不喜歡的則少說，甚至乾脆不說。

做到以上幾大項，就算是管好了自己的嘴巴。

漢高祖劉邦滅楚、平定天下之後，開始對手下臣子論功行賞，此時就出現了彼此爭功的現象。

劉邦認為論功勞以蕭何最大，封他為侯最合適不過，給他大量的土地也屬應該，誰知其他人卻不服，私下議論紛紛，都說：「平陽侯曹參身受十二次傷，而且攻城掠地最多，論功勞絕對最大，理所當然該排第一。要封地，他也應該得最多。」

劉邦心裡知道，封賞問題不容易解決，免不了要委屈一些功臣。自己對蕭何是偏愛了一點，可是，心目中，蕭何確實應當排在首位。偏偏身為皇帝，又無法將這個想法明言。

正當為難之際，關內侯鄂君揣摩出了劉邦的心思，不顧眾大臣反對，上前厚著臉皮說起了言不由衷的場面話：「群臣的意見都不正確，曹參戰功雖大，攻城掠地很多，但那只不過是一時的功勞。皇上與楚霸王對抗五年，丟掉部隊、四處逃避的事情時有發生，是蕭何適時從關中調派兵員，及時填補戰線上的漏洞，才保漢軍不受太大的損失。」

「楚、漢在滎陽僵持了好多年，糧草缺乏之時，都靠蕭何轉運糧食補充關中所需，才不至於斷了糧餉。再說，皇上曾經多次逃奔山東，每次都是因為蕭何，才使安危無虞。論功勞，蕭何當然最大。」

「現今，即使少了曹參，對王朝又有什麼影響呢？難道我們漢朝會因此而滅亡嗎？為什麼你們認為一時之功高過萬世之功呢？我主張蕭何排在第一位，而曹參居次。」

劉邦聽了關內侯鄂君的話，自然非常高興，因為這番場面話，完全說到了他的心坎裡去，連忙說：「好，好，就這麼定了。」

關內侯鄂君揣摩出劉邦想封蕭何爲侯的心思，順水推舟、投其所好，專挑好聽的話說，自然得到劉邦的歡心。因爲這番話，鄂君被劉邦封爲「安平侯」，封地超出原來的一倍。

場面話的重要作用，由此可見。

試想，假如關內侯鄂君沒有趁機將場面話說出去，劉邦之後會給他封侯、擴大封地面積嗎？答案絕對是否定的。

所以說，該說話的時候，場面話絕對不能省，但是必須掌握好尺度，不能太不切合實際。

有人認為說場面話是一種可恥的行為，是對說出去的話不負責的表現。這種說法雖有些道理，但太過分理想化，畢竟身處現代社會，不說場面話確實寸步難行，別說討便宜了，恐怕還免不了受排斥。

場面話還是要說，只是在說之前務必考慮清楚，管好自己的嘴巴。要說，就說最貼切實際的場面話。

親和力讓言語更具影響力

交談時，我們需要對他人表示出真誠的興趣，並關注他的一舉一動，尋找細節，作為切入點。

人們普遍希望自己擁有「親和力」，因爲這不但是渴望與他人親近、和諧相處的一種心理狀態，更可以說是做人做事最基本的要求。凡是期望擁有良好人際關係的人，無不竭盡全力讓自己更具親和力。

表現出親和力，既是使情感歸依的起因，同時也是激發人際交往的動力，它對平衡人類心理、克服勢單力薄的不足，有著非常好的調節作用。

憑藉著親和力，人能堅強且有力地在群體社會裡屹立。

人都有七情六慾，表現在情感上就是喜怒哀樂等情緒，感到喜悅或是悲傷的時候，往往急欲找人傾吐，因爲這樣可以得到理解與寬慰，也可以使自己的心靈得到寄託。總體來說，人類語言的親和力是多重的，並不是單一化的一種表現，甚至可說非常複雜。

那麼，該如何才能利用好自己的嘴巴，說出具有親和力的好話呢？

孔子曾寫道：「物以類聚，人以群分。」

古語也有句話如是說：「同聲相應，同氣相求。」

這兩句話，闡述的其實都是一樣的道理：個性氣質類似的人，彼此之間比較容易相處與親近。

因此，期望提高語言親和力，可以嘗試用一些方式與他人配合，讓他人感覺到我們確實可以親近與信賴。

這樣的技巧，可透過以下幾種方式展現：

• 配合別人的感受方式

每個人都會透過自己習慣的方式來感受這個世界，並與他人進行交流。包括視覺、聽覺、觸覺、味覺、嗅覺在內的五感，一般來說，前三種用得比較廣。不同的人，傾向使用哪個感官，也是不相同的。

所以，人可以由此分成三大類：視覺型、聽覺型與觸覺型。

普遍來說，視覺型的人節奏較快，說話很快，思考也很快，喜歡閱讀圖表，而且行動力強。聽覺型的人喜歡比較有秩序的生活，說話較慢但很有條理，熱衷於交談與聆聽，行動力稍次。觸覺型的人很重視感覺、愛好舒適，說話時，多不會緊盯對方，速度也比較慢。

知道了這些之後，與別人交談的時，就可以觀察一下對方是什麼類型，迎合他的特性，說出比較可能引起興趣的話，以此增加彼此間的情分。

比如，對說話速度極快的人，要強調行動與成果；對說話時要分成一、二、三個要點的人，強調邏輯與條理；對於慢吞吞的人，則多談談某種產品會帶來什麼樣的感受。

還沒有分辨出對方是什麼類型的人，就貿然張口說話，說得好，對方可能會繼續與你交談下去，說得不好，對方可能會轉身離去。一般情況下，第二種情況發生得更多。

因此，與人交談之前，請一定要注意用用腦子，看清楚對方是什麼類型的人，然後再張口說話。

• 配合別人的興趣與經歷

人際關係大師戴爾．卡內基的著作《人性的弱點》，在銷量上，被稱爲僅次於《聖經》的超級暢銷書。

他在書中就寫道：「我們要對他人真誠地感興趣，聆聽對方的談話，就對方的興趣來展開話題，並且鼓勵他人談論自己。」

交談時，我們需要對他人表示出眞誠的興趣，並關注他的一舉一動，尋找細節，作爲切入點。

開口說話前，一定要做好準備，防止說出不該說的話、流露出不該有的表情。說話是一門藝術，比須仔細拿捏。

- 使用「我也」的句子

如果對方的經歷或見解中，有跟你類似的部分，不妨多使用一些特定短語，拉近彼此的距離，像是「我也……」。

例如：「啊！你去過日本北海道嗎？我也去過呢！是去年七月的事了。您是幾時去的呢？」

「想不到你也認同『愛就是要給對方自由』，跟我一樣。」

「您同意產品的品質是最重要的，對吧？我們公司的理念也是如此。因此，您大可以比較一下我們的產品和其他同類產品，相信優劣立辨。」

根據以上這些方法，巧妙說話，你的語言親和力自然能在不知不覺間得到建立，讓你建立更良好的人際關係。

讓絃外之音傳遞真正的涵義

巧妙地把話説婉轉些，試著讓「絃外之音」代替直接的攻擊或責備，往往能夠有效降低傷害。

與人交往，得善於聽出對方的弦外之音，領會他想要傳達的言外之意。抓出對方的絃外之音，是最奧妙的人際關係操縱術。

會說話的人，大都話裡有話，一語雙關，精明之人無須多言直語，就會讓你心裡明明白白。

無論說話的人是不是故意暗藏玄機，聽話的人都必須搞清楚對方的眞實意圖，方能恰當應對。

腦子不清，耳朵不靈，一定會多遇難堪。話中有話、旁敲側擊是聰明人的「遊戲」，笨人玩不了。

腦子不靈光，說不好話，煞風景自不必說，成爲笑柄更是常有的事。

話中有話、旁敲側擊，既重視策略，更重視隱含之術，較躲閃更爲主動、更爲巧妙，屬於高超的人際交往手段，更是聰明者才能駕馭的玄妙功夫。學會了，賣乖佔便宜都不再是難事。

話中有話，旁敲側擊的說話方式，可透過以下方式展開：

・側面點撥

所謂側面點撥，是指從側面委婉地點撥對方，不要直言告訴他，讓他恍然大悟自己的錯誤，從而打消失當的想法。

這個技巧，往往會藉問句的方式表達出來。

張傑與劉強是同事，也是相當好的朋友，彼此都視對方為知己。

某日，同在一間公司的一位同事趙磊，突然對張傑說：「張傑，我認為劉強這小子對很多事情都太認真了，可以說是已經到了頑固的程度，你覺得呢？我說得沒錯吧！」

張傑聽到趙磊的話之後，心中頓時產生反感情緒，心想你明明知道我跟他是好朋友，還這樣問我，分明就是要我難做人，可是，又實在不好發作，只好假裝一本正經地反問道：「趙磊，先問你一個問題，如果我在背後和人一起議論你的缺點，你知道了，會不會和我反目成仇呢？之後又會怎麼看待我這個人呢？」

趙磊一聽，臉「刷」地紅了，不再吭聲。

張傑使用的就是委婉點撥技巧，也就是側面點撥。

面對趙磊的發問，他並沒有直接回答，而只是把話題轉到另一個角度，出了一道難題，產生點撥對方的作用，既表明了「劉強是我的好朋友，我不會和你一起議論他」，又隱含了對於趙磊在背後議論、貶損別人的不滿。

最重要的一點，因爲這種說法比較委婉含蓄，所以不會讓對方落得太難堪的局面，不至於造成太大傷害。

告對方不當言行的效果。

・類比警告

警告，就是指透過兩種具有某一個相似點的事物來做比較，從而達到暗示或警告對方不當言行的效果。

某公司的經理人張亮，在參加一次業務談判之時，遭到了另一家公司員工李某的頂撞。

會後，張亮怒氣衝衝地打電話找李某公司的經理，抱怨說：「如果你們不能向我保證撤銷頂撞我的那個蠻橫無禮的工作人員的職務，就代表了貴公司根本沒有達成協議的誠意。」

想不到李某公司的經理聽後，只一笑地說：「經理先生，對於敝公司工作人員的態度問題，究竟該給予什麼樣的懲罰，這應該是我們的內部事務，沒有必要向貴公司做任何保證吧！」

「換個角度想，如果今天是您的公司員工與我方產生衝突，我方強硬地要求撤換，你們得知後，又會有什麼樣的感覺呢？對手下人員的懲戒是一個公司的內部事務，我不認為與誠意有任何關係。」

張亮聽完這番話，雖然不高興，也只能接受。

在這裡，李某公司的經理，巧妙地使用了類比警告的技巧，讓對方明白了一個道理：無論兩間公司有多少相同或不同的地方，有一件事情都是絕對的，就是對於內部工作人員或經理的處分完全自主，不應該受到干涉，也跟是否具備誠意沒有任何直接關係。

把話說好是一門學問，可以透過很多不同途徑，達到同樣的目的。

反駁對方時，巧妙地把話說婉轉些，試著讓「紘外之音」代替直接的攻擊或責備，往往能夠有效地降低傷害。

用幽默的話語表達抗議

希望得了便宜又賣乖，人際關係順暢，左右逢源，置人於死地的事就不要做，讓人無地自容的話更不要說。

生活在複雜的社會，我們總會遇到一些不平之事、不公之人，卻又不能明白地表達心中的不滿。

如何表達不滿情緒是一門學問，特別是對於一些非原則性的問題，必須做到既表達出對對方的不滿，又不至於破壞和諧的人際關係。

這並不容易，但既然我們希望在人際互動中取得好結果、塑造出好形象，就一定要如此要求自己。

技巧表達心中的不滿，可透過以下兩種途徑：

• 柔性敲打

柔性敲打，即在提醒對方的時候，避免一定的衝突，借用另一種說話方式表達自己的不滿。

有一些女孩子爲顯示自己有個性，會經常刻意地生男友的氣，如果這個女孩又是父母的掌上明珠，或是備受兄長疼愛的妹妹，必定更不能容忍他人對她的抱怨與不滿。

可能會有一部分癡情的男孩子，因爲某一句無心的話引起女朋友心中的不快，怕得罪自己的「小公主」，忙不迭地向她賠禮道歉，甚至還會爲了所謂的原諒而貶低自己，以表示對戀人的忠貞，其實大可不必。

這種時候，就是柔性敲打派上用場好時機。

小麗是某公家機關局長的千金，和任職某公司的小李談戀愛時，總是顯示出自己在許多方面的優越感。可能是因為小李出生在鄉下，是個農家子弟，沒有什麼靠山，小麗總感到不太滿意。

有一次，小麗到小李家做客，對小李家人的某些生活方式流露出不滿，還不斷地嘀嘀咕咕地發牢騷，吃過晚飯後，甚至直接使喚小李的妹妹，當作自家僕人看待。

小李心裡很不是滋味，但也不宜直說，便藉這個機會，笑著對妹妹說：「要當師父前，先當徒弟嘛！妳現在可得加緊培訓一下呀！將來等妳嫁到別人家裡，也可以擺起師父的架子來了。」

小麗也是聰明人，從小李的話中聽出了他的本意，立刻一改臉色，收斂起自己過分囂張的口氣與行為。

小李的做法，就是在恰當的時機，用柔性敲打的方式，表示對小麗的不滿。他只用一句「要當師父，先當徒弟」的俗話來提醒小麗，避免了一場可能爆發的直接衝突。

如此表達自身的不滿，不失為一種好辦法。

• 幽默式提醒

幽默可作爲人際關係中的一種潤滑劑，在一定的時機，用來表達自己對對方的不滿，能避免衝突難堪，效果相當不錯。

有這樣一則小故事，相當有意思：

在一間飯店裡，一位非常喜歡挑剔的女人點了一份煎蛋，然後斜眼看了看女侍者，尖聲尖氣地說：「我喜歡的煎蛋，要求蛋白全熟，蛋黃是生的，而且還能在裡邊流動。不能用太多的油去煎，鹽放得稍微少一點，還要加一點點的胡椒。」頓了一下，她接著又說道：「不僅如此，蛋本身必須完全新鮮，而且是鄉下母雞生的。」

女侍者聽完這些話之後，微微一笑，溫柔地問說：「原來是這樣，我了解了。那我想進一步向您確認一下，那隻母雞的名字叫阿珍，不知道能否適合您的心意呢？」

這個小故事中，女侍者使用的就是幽默式提醒技巧。

面對愛挑剔的女顧客，侍者並沒有直接表明對對方所提要求的不滿，而是以其人之道還治其人之身，依照對方的思路，提出一個更加荒唐的可笑問題，藉此提醒對方：我們難以滿足您過分的要求。

對懷有惡意的人，不必拚個魚死網破，適時打草驚蛇就可以了。

希望人際關係順暢，左右逢源，置人於死地的事就不要做，讓人無地自容的話更不要說。

切記，要做一個「內方外圓」之人，會說圓場話、會聽弦外音，就可以在社交活動中優遊自在、遊刃有餘。

訓練幽默感的五大重點

笑容會讓人開心，即使你自己很沮喪，只要試著露出笑容，心情就會開朗起來，這是幽默的最基本條件。

很多不善言詞的人一聽到幽默的話語，心裡不禁會想：「如果我也能講出那麼好笑的話就好了！」

所以，就有許多本來沒什麼幽默感的人，爲了讓聆聽者發笑，故作幽默地說一些低級無趣的葷笑話，或是讓別人笑不出來的冷笑話，有時候反而會惹來大家的不悅，或是破壞了當時的氣氛。

其實，眞正的幽默感，是自然地醞釀出來的東西，唯有自然流露的幽默感，才有可能讓聆聽者的心靈緩和下來，彼此充分溝通。所以，想要言談幽默，首先就先期許自己做個幽默的人吧！

那麼怎樣才能成爲一個幽默的人呢？

具體來說，大略可分爲以下五種方法：

1.將自己心中的「完美主義」趕出去。

對凡事都要求完美的人，不太可能具有幽默感的。因爲如果沒有一定程度的包容，幽默感是不會產生的。

人生難免有失敗，失敗有時會讓人生更精采，如果你自己都無法認同失敗的存在，就無法成爲具幽默感的人了。

2.凡事要有開朗樂觀的想法。

人類有的樂觀、有的悲觀，如果你是屬於悲觀的人，不妨想想，悲觀幾乎不會改變事實。如此一來，還有什麼好悲觀的呢？

人要擁有樂觀的想法，想法樂觀的人會比較開朗，也比較有彈性，也已經具備了醞釀出幽默感的特質了。

3.不要將失敗的經驗累積在心中。

每個人在做一件事時，一定都希望成功，可是難免還是有失敗的情況。一般人不可能期盼失敗降臨，然後將那些失敗的經驗放在心中，再去跟人家分享的。

可是，從逆向思考的角度而言，你將你的失敗經驗告訴別人，如果不是什麼太嚴重的失敗，他們絕對會開懷大笑的。

因爲，我們都喜歡別人的失敗經驗，但是自己經歷了一模一樣的失敗，卻無法主動開口。因此，這些失敗的經驗如果由你自己說出來，別人就會覺得你是個懂得自我解嘲，有幽默感的人。

4.消滅負面的妄想情結。

如果不加以約束，大多數人的心裡會慢慢浮現妄想的情結。這種妄想並不會帶來任何利益，只會讓心情更灰暗，這樣就不會產生出幽默感了。一旦你產生了妄想，不妨提醒自己去消滅它。

5.表情很重要，不要忘記笑容。

笑容會讓人開心，即使你自己很沮喪，只要試著露出笑容，心情就會逐漸開朗起來，心情開朗是幽默的最基本條件，所以不要忘記要隨時保持笑容。

無意間說出的一句話，可能會讓你的人生變好或變壞，短短的一句話，也會讓一個人幸或不幸。你在和人說話時，是否都會意識到每句話的重要性呢？

就因爲不是每個人都經得起開玩笑，所以，想要成爲一個幽默的人，不要開別人玩笑，而應該試著對自己開點玩笑。像是故意提到自己的弱點或自卑的地方，說一些誇張的話或俏皮的話，時而說出帶點諷刺的話……等等。

你可以經常找機會練習，想要說出具有幽默感的話，你自己就必須先成爲具幽默感的人才行喔！

要說就說別人愛聽的話

在說話前必須考慮清楚，用腦子想想再說，「投其所好」，說別人愛聽的、順耳的話。

說話辦事過程中，場面話不可缺少，如何把它說好，則是一門學問。你是否有自信，在與人交流的過程中，抓準對方的喜好，合宜且不失時機地說出對方愛聽的話？

現代社會裡，即使最簡單的事情，也少不了不同個體彼此間的親密合作，而合作的基礎，正是彼此的相互了解。此時，語言就成了聯繫雙方不可或缺的最主要橋樑。

「說話」在人類社會交流中，被當作是一種最有效工具，無時無刻不被應用。你所說出的每一字、一句，都可能影響未來。

人人都會說話，但眞正說得好的人，恐怕屈指可數。

不少人認爲寫文章難，實際上說話比寫文章更難，文章寫得不好還可以修改，但話說得不好，卻會釀成大禍，說出去的話等於潑出去的水，無法修改，也無法收回。

有一則笑話，是這樣說的：

一個主任要召集委員開會，為此他廣發通知，想不到等到開會的時間，準時到場與會的只有三個人。

見狀，他歎氣道：「唉！怎麼會這樣？這些人的時間觀念也太差了吧！真是的，該來的都不來！」

到場的一個委員聽了這話後，感到很不舒服，心想：該來的都不來，難道我是那個不該來的人？

他馬上起身，悄悄地離開了。

那名主任見狀，喊道：「搞什麼？不該走的又走了！」

其餘的兩名委員聽了這句話後，心中十分不悅，誤認為自己才是該走的人，於是一氣之下，又全走了。

由此可見，說話不當，不但不能達到目的，還會得罪人。

這則故事，給了我們一個相當好的啟示：在開口前必須考慮清楚，用腦子想想再說，「投其所好」，說別人愛聽的、順耳的話。

有適度的競爭才有進步

若是你把每天該做的事逐一記下來，並要求自己今天要打破昨天的記錄、明天要打破今天的記錄，這麼一來，就能不斷提高工作效率。

斯賓塞曾經說過：「一個優秀的管理者，通常懂得如何製造部屬之間的競爭來鞏固自己的領導地位。」

身爲一個管理者，必須懂得在領導部屬的過程中，讓部屬處於競爭狀態，因爲，競爭更能激發部屬的辦事效率與眞正能力。

「競爭」是一種最好的刺激，可以激發出人們無限的潛能，而且，工作時就如同參加比賽一樣，那就會感到快樂又有趣。因此，管理者若是懂得用「競爭」的方式去激勵、管理員工，多半能獲得不錯的成績。

衛斯丁．梅爾管理屬下時，就是採用這種方式。

有一次，衛斯丁．梅爾對一個工人說：「米勒，為什麼我叫你做一件工作得花那麼長的時間呢？你為何不能像赫爾那麼快呢？」然後他又對赫爾這麼說：「赫爾，你應該學學米勒的辦事效率，他處理每件工作的速度都很快。」

過沒幾天，赫爾剛出差回來時，就看到衛斯丁．梅爾在他桌上留了張紙條，上面寫著要他做一項零件，並要立即將那項零件送到鐵道開關及信號製造廠去。

這個字條是星期六寫的，而星期日早上赫爾就把這件事辦好了。

到了星期一早晨，當梅爾在工廠裡碰到赫爾時，便問他：「赫爾，你看見我寫的那張字條了嗎？」

「看見了。」

「那你大概什麼時候能完成呢？」

「已經鑄好了。」

「真的嗎？現在它在哪裡呢？」

「已經送到製造廠去了。」

梅爾聽到赫爾的回答非常驚訝，沒想到用競爭的方法激勵工人能有這麼好的成效。而對於赫爾來說，他能得到上司梅爾的嘉許，自然感到非常快樂。

由以上的例子可知，用競爭的方式管理屬下，能提高屬下的工作效率、激發他們的工作能力。其實，不只是管理屬下，若是領導者用競爭的方式管理自己，也同樣能激發自己的潛力。

例如，美國著名的小羅斯福總統，正是用這種方式管理自己。

小羅斯福總統是個全身充滿活力的人，總用競爭的方式使自己盡可能做更多的事，不過他並非等別人來替他安排競爭，而是不斷地與自己競賽。

小羅斯福總統會把要做的事都記載下來，然後擬定一個計劃表，規定自己要在某時間內做某事，如此便能按時做好各項工作。

其實，最好的競爭就是和自己競爭。

若是你把你每天該做的事都逐一記載下來，並要求自己今天要打破昨天的紀錄、明天要打破今天的紀錄，這麼一來，你不但能在時限內將每項工作辦好，還能不斷提高自己的工作效率。

你會發現自己不但能在較短的時間內將事情辦好，甚至還能有多餘的時間去尋找別的事做。長久下來，自會勝過那些沒有事先計劃的人，因爲那些人就好像蝸牛一樣慢慢地爬著，而你則會有多餘的時間改進自己。

適度競爭是最好的刺激劑，因爲有了想戰勝的對象或目標，自己就會不斷地鼓舞自己向上提升、努力邁進。相反的，若是缺發競爭心態，就容易這麼懶散度日、因循苟且下去。所以，若是想獲得成功，就要懂得「競爭」管理方式的重要性，更要善加利用競爭心態。

小心「一見如故」背後的暗算招數

別有用心的人在對你說「一見如故」時，摻雜了很多奉承、拍馬的成分，此時，你必須加以防範。

當一個人和你初次見面，就熱情地主動表示說，他和你「一見如故」時，千萬別高興得太早。這時候，你反而得當心對方背後可能隱藏的陰謀。

對於這樣的人，你可以不必拒絕他的熱情，甚至也回他一句「一見如故」，維持好氣氛，但與此同時，內心一定要保持理性，冷靜看待。

這可能純粹是一句客套話，也有可能是一顆裹上糖衣的毒藥，期望藉溫情攻勢來拉近和你的距離，好從你的身上獲得某些利益。

「一見如故」固然幸運，但有時也是「不幸」的開始。

「一見如故」是很多初次見面的人習慣使用的一句話，意思是，雖然才初見面，彼此卻好像已經認識很久了。

能眞正碰到「一見如故」的人，是一種幸運，因爲雙方可以越過試探過程，直接進展到「交心」層次。

可是，不得不殘酷地說，以社會上層出不窮的眞實例證來看，大部分的「一見如故」都不太單純，背後往往別有居心。

人性叢林裡，人會呈現出自身的多面性，在不同的時空，因不同的刺激而展現出不同的面貌。

本性屬「惡」的人，在某些狀況之下可能會出現「善」的一面，本性屬「善」的人，也會因爲某些狀況的引動、催化而出現「惡」的作爲。至於何時何地出現「善」或「惡」，甚至當事人自己也無法預測及掌握。

例如，一輩子循規蹈矩的正人君子，有可能因爲一時缺錢忽然浮現惡念，這是他過去根本無法想像的事，但就是發生了，連他自己都不敢相信。

現在，讓我們來剖析「一見如故」背後可能隱藏的訊息。

如果只是一句客套話，你的熱切回應不但無法產生效用，還會因對方隨之而來的冷淡受挫，更有可能過分暴露了自己，給有心人可乘之機。

如果說話者真的另有所圖，你的熱切回應，等同於自投羅網。

聽到「一見如故」這句話，你的態度應該如下：

第一，想想自己有沒有因此而興奮、感動？如果有，請趕快將它們澆熄、撲滅，以免因自作多情而自投羅網。

第二，如果對方在「一見如故」後還有後續動作，你應該保持善意的距離，檢驗對方用心的真偽，以免自己受傷。

第三，如果對方和你都感到「一見如故」，是最危險的狀況，你應該立刻向後退，以免引火自焚，或因太過接近而彼此傷害，葬送有可能向正確方向發展的友情。

第四，如果「一見如故」只是對方的一廂情願，你根本無心回應，那就不必多花心思在這上面。

與人交往過程中，別有用心的人在對你說「一見如故」時，摻雜了很多奉承、拍馬的成分，目的是擾亂你的判斷能力，此時，如果你不加以防範，很可能就此陷入對方設計好的陷阱裡。

當聽到這類話語時，必須馬上提高警惕，不要只貪圖一時虛榮心的滿足，最終壞了自己的大事。

別做吃力不討好的事

越權容易為自己招惹不必要的麻煩，想要安身立命，必須要意識到這一點，不要去做費力不討好的事情。

事不出位，意思是說話辦事不要超越自己的名分和地位，該說什麼、該做什麼，不該說什麼、不該做什麼，都必須以職責爲限。行事謹慎穩重，不要賣弄，防止惹火燒身。

李勣是唐代初年的大將，原名徐世勣，參加過瓦崗軍，失敗後投奔唐朝，任右武侯大將軍，封曹國公，賜姓李，為避唐太宗李世民之諱而改名勣。

唐高宗李治即位後，李勣任司空，為人機巧，行事謹慎。

高宗李治想廢掉王皇后，另立武則天為后，便向大臣們徵求意見。

尚書右僕射褚遂良說：「王皇后是世家之女，乃先帝為陛下所娶，先帝臨終前拉住陛下的手對大臣們說：『我的好兒子、好媳婦，現在託付給你們了。』這話至今仍在耳畔，王皇后並沒有什麼過錯，怎麼能輕易將她廢除？」

「陛下如果一定要另立皇后，懇請從天下的望族中挑選，何必非要選武氏不可？武氏曾經跟隨過先帝，這是眾所周知的，天下眾人的耳目，怎麼能夠遮擋得住啊？」

韓瑗、來濟也上書，力主不選武則天，但高宗聽不進去。

高宗問李勣的看法，李勣生性聰明機伶，心想若在這個關鍵時刻，超越自己本分發表意見，可能招來殺身之禍。

廢立皇后，無論成功與否，都與性命攸關。同意廢除王皇后，要是不成功，必將得罪王皇后；不同意廢除王皇后，如果將來武則天被選為后，無疑於自尋死路。李勣左思右想，乾脆含糊其辭地對高宗說：「這是陛下的家事，有什麼必要問外人呢？」

高宗聽了這話，立即下定決心，將褚遂良降職為潭州都督，馬上廢除王皇后和蕭淑妃，將武則天立為皇后。

武則天當上皇后之後，任用大臣許敬宗，排斥打擊當初不同意擁立她為皇后的大臣，長孫無忌、褚遂良、韓瑗等一批人，或者被貶逐，或者遭誅殺，下場都相當淒慘。

相較之下，李勣卻因為應付巧妙，避免了禍及自身，甚且受到重用，負責審理長孫無忌等人的案子。

李勣懂得不在其位、不謀其政的眞理，含糊其辭地回答敏感問題，避免了殺身之禍，可謂說話辦事的高手。

在工作、職場中，做好本份就可以了，越權行爲容易爲自己招惹不必要的麻煩。想要安身立命，必須意識到這一點，不要去做吃力不討好的事情。

損人又不利己，又何必？

一定要恪守「絕不損人利己」這個原則，這是做人最基本的準則，也是處世順利的一張通行證。

人生總會面臨無數次的選擇，無數次的爭取與放棄。在爭取與放棄間，必須正確地權衡厲害關係，否則將置自身於進退兩難的境地。

人們常說「做人不要做絕，說話不要說盡」，這話相當有道理。廉頗就因爲做人做得太絕，蔑視藺相如，結果落得負荊請罪的下場。鄭莊公也因說話太絕，無奈之下只能遂而見母。

以上兩者，都是前人留下的血淋淋教訓。

常言道「人情留一線，日後好相見」，不管做什麼事，都忌諱走入極端，斷了自己的退路。特別在權衡得失時，務必做到見好就收。

做人不要做絕，說話不要說盡，凡事留有餘地，爲自己留條後路。特別是在利弊面前，更應該見好就收，這是成功者必須掌握的處世之道。

具有大智慧的人都有成全他人的美德，絕對不會做損人利己的事情，因爲他們明白，損人的事也未必會利己。

看到別人取得成績，不要光是豔羨，更不能藉毀壞他人的成果來解自己的嫉妒之氣。要想獲得榮耀，需要腳踏實地付出，一分耕耘、一分收穫，損人利己的事情絕對不能做。

如能堅持這一點，與人交往中，你會爲自己和他人都留下進退的餘地，這對建立良好的人際關係、增進雙方感情，能產生重要作用。

戰國時期，魏國與楚國在交界處設立界亭，兩國亭卒們分別在各自的國土上種植蔬菜。

魏亭的亭卒非常勤勞，每天都用心管理田裡的蔬菜，鋤草、澆水、施肥，忙個不停，蔬菜長得又綠又高。相較之下，楚亭的亭卒則十分懶惰，整天只知道睡大覺，不管蔬菜的死活，菜苗長得又瘦又弱。

楚亭的人覺得很沒有面子，於是乘一個夜黑風高的晚上，偷跑過去把魏亭的蔬菜全部破壞了。第二天早上，魏亭人發現菜地被毀，氣得火冒三丈，急忙報告了邊縣縣令宋就，並表示要對楚亭亭卒實施報復。

宋就了解狀況之後勸亭卒們說：「毀壞他人辛苦耕作成果的行為，確實很卑鄙，我們生氣歸生氣，為什麼要反過來去效仿呢？明知別人不對，再跟著學，實在太狹隘了。這樣吧！從今天起，你們竭盡全力去打理他們的蔬菜地，給蔬菜澆水、除草、施肥，不過你們一定要注意，不要讓他們知道。」

魏亭的人認為宋就的話有道理，就照辦了。從此之後，楚亭的菜苗果然一天天地茁壯了起來。楚亭的人覺得很奇怪，仔細觀察才知道，原來每天早上菜地都被人用心澆灌過，而為菜地澆水的，正是魏亭的亭卒。

楚國邊縣縣令得知此事後，對魏人的做法敬佩不已，於是把這件事上報給了楚王。楚王聽説後，贈送重禮給魏王，向魏王道歉，並表示願意與魏國結成友好的鄰邦。

宋就的做法，顯然要比那些亭卒更高明，因爲他知道，爲長遠的未來著想，損人不利己的事情做不得。

害人必會害己，寬恕別人，等於爲自己多留條後路。

日常生活中，處世尚淺的年輕人，對社會上的一切都茫然無知，爲人處世更是小心翼翼，左顧右盼，想尋找一個參照物來規範自己、約束自己，以免做出一些不合常禮的事。社會閱歷太少，產生這樣的心理是很正常的，但有時這樣做，會導致南轅北轍的結果。

由於人的身份地位、脾氣秉性都不盡相同，要想找到一個統一的標準供參考，實屬不易，也可說是根本不可能。所以，你其實沒有必要去效仿他人，只要堅守「不做損人利己的事情」，即可獨善其身。

做損人利己的事會讓人討厭，這是無庸置疑的，更何況損害了別人也不一定對自己有利。

自私自利之人，往往不能領悟到這一點，毫無顧忌地損害他人的利益，把苦轉嫁到旁人身上，認爲這麼做才能保住自身利益。事實上，這種想法大錯特錯，以這種態度處世，走到哪裡都不會受歡迎，既損人又不利己。

想給自己留退路，首先要給別人留退路，這是人情味的一種表現。做人要有人情味，眞正的強者，都能把握這一點。

要做人，就要做個正直的人，損人利己的事情千萬不能做，因爲這只能獲得一時的短期利益，從長遠來看沒有半點好處。

與人交往，一定要恪守「絕不損人利己」這個原則，這是做人最基本的準則，也是處世順利的一張通行證。

6.
PART

優秀，只在必要關頭展露

想在團體中安身立命，別讓鋒芒太露。該藏則藏、該露則露，這樣才討得了便宜，賣得了乖。

訓斥，代表期待與重視

公司裡最沒有前途的人，正是被上司忽視的人。所以被上司責罵時，不要感到不滿，應抓緊機會儘量吸取經驗與教訓，下次自能有更好的表現。

說話辦事之時，一定要先洞悉對方的心理，才能提昇自己的勝率。想在人性戰場上勝出，想要左右別人的決定，「攻心」絕對是必須具備的智慧。

如果你不懂得擬定戰略，運用戰術，那麼永遠都是現實社會中的輸家。

日本大企業家福富先生當服務生的時候，常常被老闆毛利先生責罵，但福富也因為他每次被責罵後，總能得到一些啟示，所以總是主動找機會挨罵。

每次遇見毛利先生時，福富絕不會像其他怕麻煩的服務生般逃之夭夭，反倒立刻趨前向毛利先生打招呼，並請教說：「早安！請問我有什麼地方需要改進嗎？」

這時，毛利先生便會指出他許多需要注意的地方。福富聆聽訓話之後，必定馬上遵照指示改正缺點。福富會殷勤主動地到毛利先生面前請教，是因為深知年輕資淺的服務生，很難有機會和老闆直接交談，因而只有自己主動把握機會。

而且向老闆請教時，通常正是老闆在視察自己工作的時候，這就是向老闆推銷自己的最佳時機。所以，毛利先生對福富的印象就比其他任何員工都來得深刻，對福富有所指示時，也總是親切地直呼他的名字，告訴他什麼地方需要注意。

福富就這樣每天主動又虛心地向毛利先生討教，持續了兩年之久。

有一天，毛利先生對福富說：「據我長期觀察，發現你工作相當勤勉，值得鼓勵，所以明天開始請你擔任經理。」

就這樣，十九歲的服務生一下子便晉升為經理，在待遇方面也提高很多。

其實在職場上，被人指責訓誨，就是在接受另一種形式的教育。對於毛利先生一年三百六十五天的個別教導，福富至今仍感謝不已。

在被上司指責或訓誨時，非但要認眞專注地聆聽，聽完之後，更要面帶笑容，以愉悅的口吻回應：「是的，我知道了，我現在馬上去做，下次一定會多加注意。」

相反的，如果遇到這種情況時，卻顯出非常緊張不安的態度，反而會讓上司認爲你心存反抗而感到不愉快。換言之，靜靜地接受上司的指責、聆聽訓誨，並保持不失禮的和悅態度，就是尊崇對方，更是使上司對自己留下好印象的竅門。

如果因爲在衆人面前被上司責罵而感到非常丟臉，因此怨恨上司，那就大錯特錯了。這時，你應該換個正確的角度來想，認爲上司這是在培養自己、教育自己，而且也要認爲在衆人當中，只有自己才値得特別被責罵，代表自己在公司所有職員裡是最有前途、最受器重的，你更可以認爲「上司對我充滿期待」而感到驕傲。

事實上，公司裡最沒有前途的人，正是被上司忽視的人。所以，被上司責罵、訓斥時，不要感到不滿或自覺深受委屈，應抓緊機會儘量吸取經驗與教訓，揣摩上司的心意。如此一來，下次自然有更好、更合上司心意的表現，日後自己也才有可能成爲更優秀的領導者。

仔細觀察，就能妥善應對

如果遇到豪爽的上司，只要善用能力，表現出過人的工作成績，等到時機成熟，絕對不用擔心沒有發展的機會。

上司的一舉一動，作爲下屬的都應盡收眼中，千萬不可視而不見。那麼，如何與不同類型的上司打交道呢？大致有以下數大類辦法：

• 與冷靜的上司打交道，不可自作主張

有種上司話語不多，舉止安順。高興時不會大笑，不會手舞足蹈；悲痛時不會大哭，不會逢人訴苦。就算認爲意見正確，也不會拍手稱許，更不會熱烈地表示贊成。這種上司的舉止始終保持常態，是個頭腦冷靜、行事理性的人。

如果遇到這樣的上司，對於一切工作計劃不能自作主張，只要等到計劃決定後負責執行便好。但是，必須記住，在執行的過程中，必須有詳細的記錄，即使是極細微的地方，也不能稍有疏忽。

這種一絲不苟的精神、詳細清楚的報告，正是這種上司所喜歡的。

但若在執行過程中遭遇困難，最好能自行解決不必另外請示。因爲，隨機應變並非這類上司的專長，多去請示反易貽誤時機，最好事後用口頭報告當時如何應對即可，這麼做這類上司多半會很高興。

要特別注意的是，即使事後報告，也要力求避免誇張的口氣，雖然當時的確十分難辦，也要以平靜的口氣，輕描淡寫當時的困境就好，如此反而更能突顯出自己臨機應變的本事。

•與懦弱的上司打交道，要當心他身邊掌權的人物

懦弱的人不可能當領袖，即使當上了領袖，大權也必定不在手中，一定有能人在旁代爲指揮。因而身爲懦弱型上司的下屬，必須看準一旁代爲指揮的人是什麼性

情，再謀求應對的方法。

一間公司或是一個組織的重心，不是名位而是權力，權力之所在才是重心之所繫。雖然名位與權力往往合而為一，但是對懦弱的領導者來說，名位是名位，權力是權力，兩者是不相干的事。

代為指揮的人如果是正人君子，懦弱的領導者還可以保有形式上的尊嚴；如果代為指揮的人懷著野心，那懦弱的領導者只是個傀儡而已。在這種處境下，下屬必須能與真正掌權的人相互抗衡，否則必遭失敗。

但是，也不能與代為指揮的人過於疏離，若是過於分離，日後必難有所發展。畢竟，既然此人能暗中取得領導者的地位，那公司裡必定佈滿他的眼線與黨羽，因而若是刻意與他作對，只會落得被排擠甚至被解雇的悲慘下場。

・與熱情的上司打交道，應採取不即不離的方式

遇到熱情的上司表現出特別的好感時，不要完全相信對方的說法，不要立即認為彼此相見恨晚，必須明白他的熱情並不會長久，要保持寵辱不驚的態度，採取不

即不離的應對方式。

「不即」可以使他熱情上升的趨勢和緩，不致在短時間內便達到頂點，同時延長了彼此親熱的時間，「不離」可以使他不感失望。「君子之交淡如水」，對於熱情的上司，最好就採用這種方法。

如果自己有所主張或建議，也要用「零賣」的方法提出，不要「批發」，如此才能在這類上司面前常保新鮮感。對於他所提的辦法，認爲對的就趕快做，否則容易「夜長夢多」，過不久他就反悔了；認爲不對的也不必當面爭辯，只要口頭答應，手中不動，過一陣子之後，他自知不妥就不會再提起了。

面對熱情的上司時，萬一他突然情緒低落，就安之若素，靜待適當機會，再促使他感情回升。這種人的感情就好像鐘擺，擺過去後還會再擺回來。所以即使突然遭受冷落，也別灰心喪氣，只要按自己的步調做好分內工作即可。

•與豪爽的上司打交道，要突顯自己的能力

如果遇到豪爽的上司，那眞是値得慶幸的事。只要發揮能力，表現出過人的工

作成績，等到時機成熟，絕對不用擔心沒有發展的機會。

這類上司自己有能力、有才氣，所以最愛能幹的下屬，因此部屬若眞有能力，不怕不受上司青睞。

當機會未到時，仍要愉快地工作，並做得又快又好，表示自己遊刃有餘。同時還要隨時隨處留心機會，一旦發現可以表現自己能力的機會，就要好好把握。只要看準機會、表現得當，不久自會受到提拔。

●與傲慢的上司打交道，要謹守崗位

傲慢的上司多半有足以傲慢的條件，也許他特別有能力，也許他的工作成績特別優秀，也可能他有強大的靠山支援。換句話說，這種傲慢的態度是後天造成，是環境造成的，並非先天的性格。

如果頭頂上司是個傲慢的人，與其取寵獻媚，不如謹守崗位。這類上司雖然傲慢，但多半仍有辦事能力與識人的眼光，此外，爲了維持自己的地位與工作成績，底下當然需要能幹的下屬效勞。

所以，跟只會空談的諂媚小人相比，他更喜愛勤勞、努力、聽話的下屬。因此，假如你眞是個人才，不愁他不會另眼相看。

• 與陰險的上司打交道，要小心謹慎

陰險的上司城府極深，對不如意的事好施報復，對看不順眼的人會設法剪除。而且容易由疑生忌、由恨生狠，多半採取先下手爲強的做法，寧可錯打「好人」也不肯放過「壞人」，抱著「與其人負我，不如我負人」的觀念。

另外，這類上司多半喜怒不形於色，憤怒到了極點時還可能露出喜悅的假相，讓人無從防範、防不勝防。

總之，陰險的上司絕不會採用直接的報復手段，總是使用計謀暗地報復。如果頭頂上司不幸正是這種人，辦事得如臨深淵、如履薄冰，不可有絲毫懈怠，一切唯上司馬首是瞻。如此一來，或許還可以相安無事。

只是，在這類上司底下工作，要盡早另做打算，畢竟你不知何時會得罪他，何時他會突然翻臉，如果希望在職場中有所表現，最好速作離職或調換部門的打算。

炫耀，只會害你把好人緣丟掉

虛榮之心人皆有之，所以必須加以控制。喜歡在他人面前吹噓炫耀光彩一面，遲早要為自己的錯誤行為付出代價。

不想在人際交往中吃虧受害，就要時時提醒自己：無論碰上多麼得意的事情，都不要炫耀。

適當地掩飾自身才能、隱藏光芒是必要的，因爲「樹大招風」是不證自明的眞理。平時，審愼地把自己的好才幹適當地隱藏起來，不但不會招來嫉妒，還會讓你的人緣越來越好，得到更多便宜。

一位女士的寶貝女兒，從英國劍橋大學畢業歸國後，進入一家金融機構任職，待遇極優，薪水相當高。

這位女士深深為女兒的出色表現自豪，面對親朋好友時，必定滔滔不絕地誇耀女兒的風光。

偶然地，女兒發覺了這個狀況，立刻私下制止母親，說她開口閉口總誇自己的女兒有多好、多優秀，就算沒有惡意，也會在無形間傷害聆聽者的感情，讓人不快。

敘述自己的事情時，要防止過分突出自己，切勿使他人心理失衡，產生不快，以至影響了相互之間的關係。

如果你還不懂得內斂低調的好處，不妨看看以下的故事。

有兩位交情相當好的女孩，甲的容貌漂亮，乙則普普通通。她們一起去參加舞會，男士們頻頻與甲共舞，在不知不覺中冷落了乙。

甲下意識地感覺不妥，於是以身體不適為由拒絕邀請，請他們轉邀請乙。男士們接受了甲的建議，乙被拉入了舞池，還以為是自身魅力大，內心的快樂不言可喻。

甲以友情爲重，不想讓朋友被忽視，於是機智地採取平衡手段，使乙的內心得到平衡。消極面來說，可以避面自己被敵視，從積極面看，更能夠使友誼更加深一層。

英格麗・褒曼在獲得兩屆奧斯卡最佳女主角獎後，又因《東方快車謀殺案》中的精湛演出，獲得最佳女配角獎。

她在上台領獎時，一再地稱讚一同角逐最佳女配角獎的佛倫汀娜・克蒂斯，認為真正有資格獲獎的應該是這位落選者，並由衷地說：「原諒我，佛倫汀娜，我事先並沒有打算獲獎。」

作爲獲獎者，褒曼沒有喋喋不休地敘述自己的成就與輝煌，而是表達對落選者的推崇，極力維護了對方的面子。一個人能在獲得榮譽的時刻，如此善待競爭對手，是一種極聰明的處世智慧。

以上三則小故事告訴我們，一言一行都要爲他人的感受著想，切忌使人產生相形見絀的挫敗感。

我們經常可以看見有些人動不動大談自己的得意經歷，這是不好的。聆聽的人非但不會覺得你很了不起，甚至還會認爲你是個不成熟的、只懂吹噓「當年勇」的人。所以，除非必要，最好別經常提及自己的得意往事。

每個人都想被評價得高一點，所以明知不可談得意之事，仍情不自禁地大談特談，這是人性中比較麻煩的一面。

當然，完全不談得意之事確實不可能，但在開口同時，有需要注意一下自己的表達方式。

在別人未談得意之事之前，自己也不要談。單方面大談得意之事並不妥當，所以先讓對方發表，自己再跟著說，造成壞印象的可能自然降低許多。

虛榮之心人皆有之，所以必須加以控制。喜歡在他人面前吹噓炫耀光彩一面，遲早要爲自己的錯誤行爲付出代價，不可不慎。

留點面子，更好過日子

不要隨便地踐踏他人的尊嚴，在公開場合給別人留足面子，要比自己死要面子強上百倍。

路不要走絕，話不要說死，給別人留餘地，等於給自己留一個轉圜的空間，千萬不要一下子就把別人和自己都逼到牆角。

既然佔了上風，就讓彼此都有台階下，千萬不要不留顏面。

社交過程中，免不了會遇到形形色色的人，雖然不必要求自己眞心去喜歡他們當中的每一個，但至少要懂得爲他人留面子。

大家都不是傻瓜，你爲他留面子，他自然也會投桃報李，給足你面子。以這種態度相處，對彼此都有好處。

與人相處，若雙方意見不統一，難免會產生口舌之爭。會做人的人，不會讓這種爭執破壞友誼，他們總是以和爲貴，進而贏得別人的好感，提高自己在他人心目中的地位，人緣自然更加穩固。

現實生活中，過分以自我爲中心的人，只以自己的標準去判斷事物的是非對錯，當別人述說某種感覺、態度和信念時，他們會立刻做出獨斷的判定，因而容易與人產生爭論，導致嫌隙。

爭論產生後，大多數人都會竭盡全力地去維護自己那些並不全面、不成熟的觀點，對根本沒有必要深究的問題，太過「隆重」地對待，因而更激化矛盾。這種時候，不妨冷靜下來，站在他人的立場考慮一下問題的實質，而後你必定會領悟一個深刻的人生哲理：狂風暴雨般的唇槍舌箭過後，我們能得到的絕對不比失去的更多。

不理性的爭執之後，友誼將出現裂痕，彼此將日漸疏遠，更可怕的是，你又多了一個「敵人」。

俗話說「多個朋友多條路，多個敵人多堵牆」，實在一點不錯。敵人樹立後，還想要再佔得便宜，可就難上加難了。

成功大師卡內基曾說過一句名言：「你贏不了爭論。要是輸了，當然你就輸了；可是就算辯贏了，你還是輸。」

請這樣告誡自己：與人爭論，並不是在向人顯示自己的威風，確認自己的口才，而是在樹立「敵人」，即使獲得勝利也沒有太大意義，不過證明了你並不是一個會做人的人，如此而已。

會做人的人，遇到此類事情時總會留一手，即使自己的口才出類拔萃，也不願與人爭論。

若迫不得已被捲進爭論中，甚至甘願當個失敗者，避開鋒芒。

爭論對雙方來說，沒有任何好處，與人發生爭執時，不妨努力使自己去了解對方，給他人留足面子。

切記，爭論無益於感情，最終產生的結果只有兩種：一是越來越堅信自己所持觀點的正確性；二是基於面子，即使意識到自己錯了，出於維護自尊的心理，仍不肯低頭認輸，使雙方距離越拉越遠，情誼破裂。

普天之下，有一種人人緣最好，就是時刻爲他人留足面子，並願意在爭論中自動低頭認輸的人。

班傑明．富蘭克林曾說：「老是抬槓、反駁，也許偶爾能獲勝，但那是無謂的勝利，因為你永遠得不到對方的好感。」

每個人都有一種發自內心的優越感，但將自己的優越性，帶進與人相處的社交當中，很引來一些不必要的麻煩。

偶爾會有些人願意主動承認錯誤，克制優越感，卻擔心被他人稱爲「懦夫」、「膽小鬼」或「弱者」。

這種看法完全錯誤，應該告訴自己，退讓並不是懦弱的象徵，而是一種難能可貴的、值得稱讚的美德，不僅是精神上的超越，更是在人際互動上取得輝煌成就的前兆。

「認錯」雖是簡單行爲，眞要做到卻相當困難，究其原因，是缺乏自我反省的勇氣，以及內心的「自我權威」感過分作祟。

消除過分的「自我優越」並不是一件多困難的事情，首先，要求在與人交際過程中，爲他人留足面子。

當所有人都對你沒有好感時，就要反省自己是否太愛與人爭論，以致於造成不受歡迎的尷尬局面。千萬別等到已經徹底被衆人所孤立才幡然醒悟，那時多已經太晚。

佛經裡有句話說「恨不消恨，端賴愛止」，意思是告誡人們，與人爭吵並不可能消除誤會，只有儘量讓自己去了解對方，在爭論中適度退讓，給別人留足面子，才可以讓自己的「人氣」更旺。

美國總統林肯曾經斥責一位和同事爭吵的青年軍官，對他說：「任何有決心、有成就的人，都不會將時間耗費在私人爭執上。爭執的後果是失去自制能力，絕不是你能承擔得起的。要在跟別人擁有相等權利的事物上，多讓步一點。與其跟惡犬爭道，被狠狠地咬一口，倒不如讓牠先走。畢竟，就算事後將牠殺死，被咬的傷口依舊存在。」

的確，任何人都承擔不起爭論的後果，因此，我們更應該嘗試著努力去做的，是防微杜漸，避免爭論。

有效避免爭論，無疑是一個亟待解決的問題。事實上，學會「給他人留面子」，就等於成功了一半。

現實生活中，許多人都領教過與人爭吵的苦，「吃一次虧，長一點智慧」，與人交往、互動時一定要懂得這一點。不必隨時想要向對方顯示你的口才，也不要隨便地踐踏他人的尊嚴，在公開場合給別人留足面子，要比自己死要面子強上百倍。

越糊塗，越能佔盡好處

大智若愚，可以消磨對方的信心與鬥志，得了便宜又賣乖的最高境界，莫過於此。

商場上，與對手的談判，最需要運用種種溝通應對技巧。

自古有云「大勇若怯，大智若愚」，將這句諺語應用到現代社會的經商、談判中，實在妙不可言。

原本膽大如虎，卻表現得膽小如鼠；原本足智多謀，卻表現得寡言木訥，目的都在矇蔽對手，肆機奪取主導權。

先來看看以下這則事例。

日本某航空公司與美國一家製造商洽談一項合作專案，為此，日方派出三名代表與美方談判。

作為賣方的美國公司，為了抓住這次絕好的商業機會，自然也挑選出幾名精明幹練的高階職員，組成專門的談判小組。

談判並不按常規方式展開，一開始，美方就拚命地宣傳自家產品，將宣傳圖像和資料貼滿了整間談判室，並耗上兩個半小時，利用三台投影機，放映了特地製作的介紹影片。

如此大張旗鼓，目的有二，一是展示自身的強大實力，二則想完全壓制住對方的氣勢。

放映、解說過程中，日方三名代表全神貫注地觀看，不發一語。

結束後，美方一位代表得意洋洋地站起身打開電燈，臉上的笑容流露出對取得勝利的信心。然後，他向日方的三名代表說：「請問，你們對我們公司的產品有什麼想法？還滿意嗎？」

不料，一位日方代表滿臉不解地回答：「我們不懂貴公司的意思。」

這句出乎意料的回答，大大傷害了美方代表的心，笑容頓時凝結在臉上，一股憤怒之火往上升。他穩定了一下情緒，繼續問：「沒有看懂？是哪裡不懂呢？我們可以解釋。」

日方代表彬彬有禮地說：「實在抱歉，全部不懂。」

美方代表強忍著心中的怒火，似笑非笑地問：「那，請問你們是從什麼地方開始不懂的？」

日方代表刻意表現出一副愚鈍的神情說：「自始至終，我們根本沒有弄明白你們的用意。」

日方代表這句話，讓美方代表的自信受到了嚴重的打擊，但為了顧全大局，爭取利益，不得不耐心地重新放映一次宣傳片。這一回，解說速度明顯比上一次慢上許多。

影片放完後，美方代表再次詢問：「這一次總該明白了吧！」

不料，三名日方代表依舊異口同聲地回答：「我們還是不懂。」

美方代表從來沒有遭遇過這樣的對手，自尊受到前所未有的嚴重打擊，徹底失去了信心。只見他癱坐下來，無奈地問道：「你們……你們到底希望我們怎樣做？」

這時，日方的一位代表才慢條斯理地站了起來，說出他們的條件。由於美方代表的信心和氣勢受到了嚴重的挫傷，最後一敗塗地，日方大獲全勝。

這就是將有示爲無，明明聰明非要裝糊塗，實爲清醒卻裝醉。雖然很想得出結果，卻故意不表明心跡，耐心地靜待最佳時機，待對手筋疲力盡時，殺得措手不及。大智若愚，不僅可以爲自己尋找機會，還可以消磨對方的信心與鬥志，在談判過程中佔據有利位置。

再看看另一則同樣精采的例子。

日本某公司欲與美國一家企業進行合作，雙方展開貿易談判。談判一開始，急於求成的美方代表便沒完沒了地說個不停，想立刻與對方達成協定。

日方代表見此情況卻一言不發，只將美方代表的發言全部記錄下來，就這樣，雙方結束了第一次談判，沒有具體進展。

一個半月後，日本公司又換了幾名代表，與美方繼續上一次的談判。日方代表似乎根本不知道先前已進展到什麼階段、商談的內容是什麼，一切只好從頭開始。美國代表和上次一樣，依然是滔滔不絕、口若懸河，日方代表則又帶著寫得滿滿的筆記回國了。

又過了一個半月，雙方代表再次相見，但這次會談仍沒有任何進展，依然是故技重演。

轉眼半年過去了，商談還是沒有任何結果，美方有如「丈二金剛摸不著頭腦」，抱怨日方根本沒有合作的誠意。

想不到不久後，日方公司竟主動派出代表，要求進行談判。

這一次的會談中，日方代表一反常態，對交易做出了十分明確果斷的決策，且抓出了美方提案中的許多弱點與漏洞。美方代表在毫無準備的情況下落居被動，損失不小。

仔細分析，你能看出日方代表取得勝利的決定性原因嗎？

尋找恰當的時機，在對手防備心理降至最低的情況下展開攻擊，往往可以使事情向自己預想的方向發展。

商場上，大多數聰明的商家都懂得用「糊塗」來掩人耳目，等待著給對方致命一擊的最好時機。

寧可有爲而示無爲，千萬不可以無爲而示有爲。原本聰明卻裝作糊塗，可助自己一臂之力，相反的，原本糊塗反裝聰明，則會把自己送進尷尬的境地，成爲別人的笑談。

做一個讓人猜不透的高手

表面看起來若無其事，實際上早已經預測到情勢發展方向，這樣的人，才會是最後的勝利者。

自古以來，能夠圓融處世的聰明人，無不善於韜光養晦之術，這是保身求發展的大智慧。

身處競激烈的社會，你的所做所爲必定爲很多人注意，爲了轉移別人的目光焦點，應學著適度地隱藏能力，當一個讓人看不破、猜不透的人。

《韓非子．二柄》中說：如果君主將自己的真實性情、所好所惡，肆無忌憚地表現在他人面前，臣子們就會想盡辦法迎合拍馬，尋找投機的機會。相反的，如果君主不將喜怒溢於言表，臣子們就會逐漸地顯出本色。這樣一來，君主才不會受到欺騙。

春秋時期，鄭莊公粉碎弟弟共叔段的密謀造反計劃，所使用的就是「隱藏」的策略。

鄭武公決定將王位傳給兒子鄭莊公時，莊公之母對武公的這一決定表示反對，因為莊公出生時難產，母親武姜為此受到不小的驚嚇，從此就討厭這個兒子，認定他是不祥之人。

莊公繼位以後，武姜不僅屢次詆毀莊公，更為小兒子共叔段要了很多封地，緊接著，又逼迫莊公把京城劃分給共叔段。

共叔段得到京城後，不斷地擴張自己的勢力，在母親的幫助下，準備裡應外合，謀權篡位。

莊公明知母親不喜歡自己，也知道共叔段密謀造反之事，卻沒有採取任何行動。他心裡明白，想要破除弟弟的陰謀，唯有採用「欲擒故縱」才能奏效。將欲廢之，必先舉之；將欲奪之，必先與之，先降低敵方戒心，才能抓準良機，一舉殲滅。

隨著共叔段勢力不斷擴大，鄭國大夫祭仲向莊公進諫，說共叔段暗地裡招兵買馬、擴大勢力，遲早要為鄭國帶來災難，莊公聽了卻不慌不忙地回答：「這是國母的意思。」

祭仲心急如焚，建議莊公立刻剷除共叔段防患於未然，可他毫不著急，只說：「你就等著看吧！」

在莊公縱容下，共叔段更加大膽，又佔領了京城附近的兩座小城。

鄭大夫公子呂勸莊公說：「一山難容二虎，一個國家無論如何不可能有兩位國君。假如您要把位子拱手相讓於共叔段，作為臣子的我們就去為他當大臣；如果不想交權予他，就必須趕快剷除，以免老百姓有二心。」

莊公表面上假裝很生氣，實際上卻將公子呂的勸告完全記在了心裡，對他說：「這事你不要管。」

鄭莊公對當時的局勢很清楚，知道過早動手，肯定會遭到別人議論，落得不仁不義的惡名，更何況母親也站在共叔段那邊，若是有所牽連，更會讓自己被扣上不孝的帽子。為此，他故意放縱共叔段，讓天下人都知道對方有篡位的陰謀，直到共叔段和姜氏密謀裡應外合時，才下令討伐。

果不其然，人心都向著莊公，共叔段被迫逃亡。

其實，莊公對於共叔段招兵買馬、擴大城池的行爲，並非視而不見，而是故意姑息，讓自己置身於複雜時局之外，靜觀共叔段的一切舉動，等待時機成熟才舉兵，一舉殲滅。

複雜社會中存在著許多假象，人心也同樣如此。遇到某些問題，有些人表面看起來若無其事，實際上心中早已經預測到未來的情勢發展方向，這樣的人，才會是最後的勝利者。

優秀，只在必要關頭展露

想在團體中安身立命，別讓鋒芒太露。該藏則藏、該露則露，這樣才討得了便宜，賣得了乖。

現實生活中，許多身懷絕技的人都顯得謙虛謹慎，把自己的「絕世武功」隱藏得非常嚴密。

這麼做的主要原因，在於期望「不鳴則已，一鳴驚人」。

這裡所謂的隱藏，只是爲了更好地表現，預示著正在尋求有利突破點，等到準備充分、時機成熟，再充分地發揮表現，使自己脫穎而出，成爲衆人的注目焦點，得到成功。

三國時期，龐統是與諸葛孔明齊名的能人，但天生相貌醜陋怪異，因此不太受人喜歡。

他先投奔吳國，孫權嫌他相貌醜陋，沒有留用。見得不到發展，龐統決定轉投奔蜀國的劉備。

臨行前，孔明特意交給龐統一封親筆寫的推薦信，表示一旦劉備見此推薦信，定當重用。

但龐統見到劉備之後，並沒有將推薦信呈上，而是以一個平常謀職者的身份求見。因此，劉備只讓他去治理一個不起眼的小縣。

身懷治國安邦之才的龐統，並沒有為此耿耿於懷，他深知靠人推薦難掩悠悠眾口，自己要等到該露臉的時候才露臉。

皇天不負苦心人，後來終於讓龐統抓到一個好機會，當著劉備義弟張飛的面，將一百多天積累的公案，用不到半日時間就處理得乾淨俐落、曲直分明，令眾人心服口服。

龐統能妥善掌握該藏則藏、該露則露的做人做事原則，使得他步步高升，平步青雲，不久後便被劉備提升為副軍師中郎將。

在團體中，表現得太出色、太惹眼，勢必會遭人妒嫉，此時，就需要將鋒芒藏起來，先堵住別人的嘴。

當然，隱藏必須有限度，最終目標還是爲了取勝。當你認爲好機會到來，一旦施展才華就能夠一舉成名時，千萬不能吝嗇，應把所有技能展現出來，使自己脫穎而出，此時他人再生嫉妒心，也沒有實質意義跟影響了。

地位未穩固之前，想在一個團體中安身立命，最聰明的方法，就是別讓鋒芒太露。該藏則藏、該露則露，這樣才能得到最佳效果。

選擇適當時機，再提出建議

下屬應根據上司的脾氣、作風、情緒等，選擇一個上司最能接受別人意見的時機提出意見，創造彼此雙贏的局面。

人一旦被人怨恨，事態往往就會進一步惡化，所以，下屬一定要注意不要使自己成爲上司怨恨的對象。尤其是出言頂撞上司時，最容易招致上司的怨恨，使他對你充滿怒火和不滿。

一般上司都喜歡下屬聽命於自己，這不但是組織關係的必要要求，也是上司履行職責、達到預定目標的前提與保障。

上司一般都會認爲，自己有權要求下屬做某些事情，許多上司還認爲自己比下屬優秀，因此才能夠當領導者，在潛意識中，有著很強的優越感，對自己充滿信心。

因此，上司發出的指令，下屬就應服從，不能自有主張、各行其事，破壞整體計劃。

上司還多半有很強的自尊，會行使權力、發佈命令，使事情朝著自己預想的目標發展。尊嚴是一個人最敏銳，也是最脆弱的感覺，因爲它總是與一個人本質中的某些東西相連，所以侵犯尊嚴便等於是對人的污辱和蔑視。這在自認爲理所當然地應享有他人尊重的上司看來，尊嚴被侵犯是絕對不能容忍，更不能被諒解的事。

許多時候，下屬的頂撞會使上司下不了台，掛不住面子。即便上司的命令確實有不當之處，採用對立或抗拒的態度對待上司，無疑會使他感到尊嚴受損，進而以敵意對抗敵意。特別在一些公開場合，上司更是重視自己的權威，絕對不允許下屬對他的權威提出挑戰。

下屬衝撞上司時，一般都會使用一些過於激烈的言詞，特別是一些很傷感情的話語。這些話會像一把尖刀，直刺向上司的內心，勢必惹得他怒火中燒、大發雷霆。

雖然那些激烈的言詞，可能是出於忠心或好意才說，但如果言辭不當，反而會使上司認爲你心懷不滿，會想：「原來他一直對我有成見，今天終於暴露出來了！」結果，算總帳的仇恨就會像火焰一樣地燃燒起來，使上司失去冷靜與理性。

對抗的態度會使上司失去理智，上司會覺得尊嚴受損，權威受到挑戰，因而一時也不會考慮什麼是非曲直，只會一味地報復下屬。在這種情形下，上司一般都會十分激動，甚至惱羞成怒。

上司一旦失去冷靜的判斷，得罪他的下屬就會成爲他的頭號敵人，他勢必會力圖報復，甚至因而做出過激行爲。即使當時克制住，事後也會伺機報復。

因此，下屬與上司說話時，態度切勿激動，也不要出言不遜，要時刻提醒自己，即使自己是對的，也要注意態度、表達方式和時機問題，不要衝撞對方，引起上司的怒火，惹火燒身。

下屬首先應在態度上保持對上司的尊重，切不可流露出對對方意見不屑一顧的神色。一定要把公事與私人看法嚴格區別開來，不能把對工作的看法提升爲對人的看法。更不能讓對方誤解，認爲自己對上司本人有意見。

只要上司感到下屬尊重他的權威，下屬的意見是針對工作而非藉工作之名行人身攻擊之實，他多半仍會保持冷靜，理性考慮下屬提出的建議。

只要意見內容超脫個人利害，處處替上司著想，那即便意見內容違反上司心意，上司也會多加考量、體諒。

下屬談論問題時，要特別注意表達的方式，儘量用對方容易接受的方式說明自己的想法。一般說來，語氣要溫和，言辭要避免極端，最重要的是要懂分析、有根據，條理清晰，能以理服人。

下屬一定要記住，上司是權威，擁有最終決策權，所以下屬最終還是要聽上司的指令。因此，對上司說明自己的想法時，不要用過於肯定的方式，應該用商討的口氣委婉地表達意見。比如可以說：「你看這樣是不是會更好一些？」千萬別說：「我認爲應該……」

另外，下屬表達意見時，還應選好時機和場合。在公開場合說就不如私下談好，事情已確定時就不如事情尚在醞釀時說好，上司情緒低落時說就不如上司心情正好時說。

總之，下屬應根據上司的脾氣、作風、情緒等，伺機而動，選擇一個上司最能接受別人意見的時機提出意見，如此既能使上司樂於接納意見，又能避免頂撞上司，創造彼此雙贏的局面。

提出建議，要先博得上司同意

提出建議時，贏得上司認同是首要之務，否則無論意見再新穎、再獨特，若無法獲得上司的認同，也不能實際推行。

剛愎自用的上司只認爲自己的意見正確，對他人提出的意見一概排斥。只要是他提出的想法，那就有巨大的潛力；如果是別人的想法，那就一文不值。

實際上，這種上司根本不想讓部門內的其他人積極思考問題，如果有人膽敢提出有新意的建議，就容易被他視爲眼中釘。

在職場上，若不幸得與剛愎自用的上司共處，那身爲下屬的目標，應是讓自己的想法得到上司客觀的考慮，同時又不致引起上司反感。

面對剛愎自用的上司，若要提出建議，必須強調自己的意見僅供參考，不是要求變革；只是希望上司能多加考慮，並非強迫上司一定得採納。在提意見的過程中，要強調上司的重要性，並暗示上司若能採納意見，代表他作風開明、決策正確，功勞屬上司而非提意見的下屬。

此外，必須使上司意識到，在想法形成的過程中，上司有決定性的影響力，要說明自己是在聽到他的談話之後，才產生這個想法。或者說是當他今天在商討提高生產效率的必要性時，自己才產生這個念頭。

總而言之，必須使上司明瞭，自己是聽了他的話才產生靈感，使他把你的建議當成自己的建議考慮。

在與上司進行深入探討之前，首先要詢問上司是否有時間。如果知道自己的建議能得到大多數人的支持，不妨在開會時大膽地提出建議，這可免於私底下提出建議時，直接被上司否決。

還有在開口之前，最好先把自己的想法記在紙上，這樣在會議上發表意見時，才會講得清楚透徹、有條有理。

如果提出的建議遭到指責，要想辦法據理力爭。在上司對你的建議發表意見之時，要記下自己認爲合理的反對意見，接下來發言時，首先要對上司正確的批評積極回應，其他不合理、不理性的意見則可以不用理睬。

提出建議之後，要爲上司留下考慮的時間。在他感到還沒有掌握一切時，爲了保持自信，可能會拒絕下屬提出的一切建議。這時最好什麼話也不要說，等他瞭解情況後，再讓他重新定奪。

提出建議時，贏得上司認同是首要之務，否則無論意見再新穎、再獨特，若無法獲得上司的認同，也不能實際推行，如此一來，再新穎高明的意見都是枉然。因而在提出建議時，除了考量意見的內容之外，更要考量提意見的方式與時機，以博得上司的認同。那麼，意見才能落實，才能發揮最大效用。

7.

PART

注意小事情，才能避開大危機

能綜觀全局的人才是能成就大事的人。過度的在乎小事，只會讓自己整天疑神疑鬼，出現錯誤的判斷。

注意小事情，才能避開大危機

能綜觀全局的人才是能成就大事的人。過度的在乎小事，只會讓自己整天疑神疑鬼，出現錯誤的判斷。

人情練達的人，通常也是觀察力敏銳的智者，既通曉別人的眞實心意，也會忠誠地完成別人的託付。

這樣的人在人際交往過程中，可以從細微的肢體動作和交談時的話語，正確讀出對方的心思，以及一舉一動所代表的深層意思，因此常常被視爲最受歡迎、最值得託付重要事務的人。

魯國大夫郈成子奉命出訪晉國，途經衛國時，衛國大夫右宰穀臣設宴熱情款待他。席間雖然歌舞昇平，但是右宰穀臣卻一直悶悶不樂，等筵席結束，右宰穀臣還送了個珍貴的玉璧給郈成子。

可是，郈成子訪問晉國回來，經過衛國時，卻沒有去回拜右宰穀臣，而是逕自回魯國。

車夫覺得很奇怪，問道：「先生您上次經過衛國時，右宰先生非常熱情的宴請您，現在我們經過衛國，按照禮節應該前去回拜才對，您卻要逕自要回魯國，這是為什麼呢？」

郈成子對車夫說：「上次他宴請我，是想和我一起高興高興；歌舞在旁而悶悶不樂，是向我表示他憂心忡忡；後來送我的玉璧，只是暫時寄存在我這裡而已。由此看來，應該是衛國有什麼危險要發生了吧？」

郈成子才離開衛國國境三里，就聽說大臣寧喜發動政變，右宰穀臣在政變中被殺。於是，郈成子隨即駕車返回，祭奠完右宰穀臣之後才回去。

回到魯國，郈成子還命人把右宰穀臣的妻兒接來，安置在自己家中，視如自己家人一樣。等到右宰穀臣的孩子長大，可以獨立之後，郈成子就把當初右宰穀臣送給自己的玉璧，還給他的兒子。

一個細心聰明的人，會因爲一些不易察覺的小事，而用來推測將要可能發生的事情。

如此一來，不但可以避免自己被別人蒙在鼓裡，還能夠幫助朋友擺脫困境，更重要的是，可以及時抽身，避免自己被捲入不必要的麻煩。

雖然仔細觀察會爲我們帶來好處，但是也不要因此就過分執著，在微不足道的枝微末節裡打轉而深受困擾。

畢竟，能綜觀全局的人才是能成就大事的人。過度在乎小事，只會讓自己整天疑神疑鬼，更可能會因爲自己疑心太重，導致出現錯誤的判斷，聰明反被聰明誤。

用包容來避免無謂的衝突

敞開自己的心胸，不要太過計較別人的小奸小惡，你會發現，最大的受益人不是別人，而是你自己。

托爾斯泰曾說：「只要一個人原諒了別人，他自己就是對的。」容忍別人的疏忽和過錯，不僅是具有寬厚胸懷和高尚品格的表現，更是成功的特質之一。

雷馬是個演藝圈有名的經紀人，他旗下的藝人個個是大牌，每個都炙手可熱、紅透半邊天，也因此把雷馬捧上了經紀人的第一把交椅。還沒合作過的藝人都希望可以跟雷馬合作，合作過的藝人也對他的為人讚譽有加，不過雷馬倒是對自己的成果不以為意，他覺得自己只是表面風光，背地裡辛酸。

長期和這些大牌明星相處，必須學會忍受各式各樣的怪癖和脾氣，在演藝圈打滾多年，雷馬所學到的第一件事，就是同情，尤其對那些大牌明星無理取鬧的要求，更是只能以「同情」兩個字來應付。

一次，雷馬旗下的一位女歌手舉辦大型演唱會，但是前一天晚上這位女歌手卻和男友參加狂歡派對，瘋了一整夜，隔天起床發現自己喉嚨沙啞，竟然吵著要把當晚的演唱會取消。

雷馬實在忍無可忍，真想嚴厲訓誡女歌手的荒唐不懂事，但是演唱會迫在眉梢，再怎麼生氣也於事無補。雷馬於是立刻趕到女歌手下榻的飯店，以無比同情的語氣對女歌手說：「發生了這種事，真是不幸，好吧，我們把演唱會取消好了，不過損失一、兩千萬而已，跟妳損失的名譽相比，根本不算什麼。」

女歌手一聽，立刻明白事態嚴重，不可以再任意妄為，於是馬上加緊速度整裝待發。當晚演唱會佳評如潮，沒有一個人聽得出女歌手的聲音有一點沙啞。

看了以上這則故事，不得不佩服雷馬的足智多謀，以及他一流的忍功和耐力，當然，雷馬是爲了生活所需，才磨練到如此爐火純青的地步，要是一般人，早已大呼受不了，拍拍屁股走人了。

但是，仔細想想，一時的忍讓，包容別人的不是之處，難道眞的有這麼困難嗎？爲什麼不學學雷馬，以一份同情的態度去包容別人的壞習慣，如此不僅可以減少無謂的衝突，又可以收斂自己的脾氣，一舉兩得，爲什麼不試著做做看呢？

用同情的角度來對待世界，就可以包容一切。別人的不講理是他的目光狹窄，別人有怪毛病其實也相當可憐，別人侮蔑自己，不欣賞自己，那也不過是他的損失而已。敞開自己的心胸，不要太過計較別人的小奸小惡，你會發現，最大的受益人不是別人，而是你自己。

好心還是會有好報

將仁愛之心表達出來，即使自己吃一點虧也無所謂，就是對生命的尊重。不要吝惜伸出你的援手，好心還是會有好報的。

在現實生活中，人與人之間的戒心越來越重，也越來越會斤斤計較，彷彿沒有任何好處去做事，就等於吃虧。所以，才會有人覺得這個社會越來越冷漠。不過，還是有人願意不求回報的默默付出，只不過是因爲他們不會四處張揚，所以我們才會以爲沒有這種人存在。

春秋時期，趙國的宣孟在前往絳這個地方的途中，看見一棵枯死的桑樹底下，躺著一個餓得奄奄一息的人。

宣孟就停下車，親自餵他東西吃，過了一會，那個人微微的睜開了眼睛。宣孟問：「你怎麼會餓成這個樣子？」

那人回答：「我本來是在絳做官，在回鄉的途中食物吃完了，不好意思討飯，又不願意去做盜賊，所以就餓成這個樣子。」

宣孟看他很可憐，就給了他一塊肉乾。那人非常感激，但他拿著肉乾卻不吃。宣孟覺得很奇怪，就問他為什麼不吃。

那個人說：「我家有一個老母親，我是給她老人家留著的。」

宣孟說：「你先吃吧，我再給你帶一些回去。」於是，他又給那人兩串肉乾和一些錢，然後才離開。

過了兩年之後，晉靈公想要殺害宣孟，於是假裝請宣孟喝酒，想乘他喝醉之時下手。宣孟赴約後看出了晉靈公的用意，所以酒喝到一半就藉故逃走。

晉靈公見宣孟一去不回，就急忙派人趕去追殺。其中，最先追上宣孟的武士看到宣孟後大吃一驚，對他說：「原來是先生您，請您趕快上車離開吧！我來截住追兵，為您斷後！」

宣孟問：「你叫什麼名字？」

那人邊往回跑邊說：「我就是當年枯桑樹底下那個快要餓死的人！」

後來，那人隻身與追趕而到的士兵拼鬥，結果被亂刀砍死，但經過這番拖延，使宣孟得以活下來。

宣孟在一開始，並不是爲了要求這個人回報才出手幫助他的，而完全是發自內心的仁慈，不忍心看到有人餓得奄奄一息。

人畢竟是有感情的動物，宣孟的行爲，就是一種仁愛的表現。

將這種仁愛之心表達出來，即使自己吃一點虧也無所謂，就是對生命的尊重，也是收買人心的重要法則。因此，見到別人遭遇緊急危難，不要吝惜伸出你的援手，請相信，好心還是會有好報的。

用心，才會讓人感到貼心

所有的禮數、服務都是在意料之中，那些都是「應該的」，服務人員更要多花點心思，提供一些不只是「應該」的服務。

日本經營之神松下幸之助曾說：「不管是經營者或是企業員工，都要有正確的人生觀、事業觀，以及正確的服務觀念。」

在經濟不景氣而又競爭激烈的年代，幾乎所有想要生存下去的企業，都挖空心思地改善自己的服務品質。

其中，不斷加強自己的服務內容與服務態度，來收買消費者的心，正是企業能否屹立不搖的重要關鍵。

巴黎希爾頓飯店一向舉世聞名，以良好的服務在飯店業裡獨占鰲頭，然而其最大的致勝原因，是服務人員善於察言觀色，懂得用「心」對待每一位客人。

有一次，一位美國女士來到巴黎觀光，下榻在希爾頓飯店，當她在服務台前辦理住房手續時，飯店經理注意到這位女士極注重個人的服裝造型，不只身上穿著一身鮮紅的衣服，腳上穿的鞋子、頭上戴的帽子、手上拎的皮包也都是紅色，就連頭髮、指甲也都染成了紅色。

經理看出了這位女士對紅色的偏愛，於是趁她出門逛街的空檔，下令服務員把這位女士的套房重新佈置。

無論是地毯、燈罩、窗簾、床單、椅套等，全部都換成那位女士所喜愛的鮮紅色，甚至連浴室裡的牙刷、毛巾也不放過，最後還在房內擺上一盆鮮紅的玫瑰花，想要給那位客人一份驚喜。

等到那位美國女士觀光回來之後，發現自己的房間已經過一番精心打理，入目皆是自己喜愛的紅色時，簡直像中了彩券般的喜出望外，頓時感覺窩心不已。

隔天，她不只親自向飯店裡的每一位員工道謝，還簽下了一萬美元的支票給服務人員當作小費。她離開時，她還留下了一句話：「這是我所住過最棒的飯店。」

服務，就是要用心，讓顧客感到貼心。

不只是一套完善的服務流程，偶爾靈機一動的小點子，讓出乎客人意料之外，才更能夠更打動客戶的心。

大多客人都有一種「預期心理」，認為五星級飯店就應該要有五星級飯店的品質，花錢的是大爺，所有的禮數、服務都是在意料之中，那些都是「應該的」。

因此，服務人員更要多花點心思，提供一些不只是「應該」的服務，顧客才能夠感受到飯店的誠意與熱忱，用另外的觀點來評價這家飯店。

常常聽人說，客戶是欲求不滿、對別人要求最多的一種人，反過來想，服務業也應該是樂於付出、對自己要求最多的人。

如果能夠在對方開口要求前先滿足他的需求，對方的要求不只會減少，雙方的滿意度也才能提高。

真誠，才能避開陷阱

當你使詐的手段沒有辦法超過別人時，剩下的武器就只有真誠。當你的真誠觸動到別人的心虛時，目的也就達到了。

在爾虞我詐的社會裡，不論是已經成功的大人物，或者是沒沒無聞的小人物，爲了追求權勢、名利、地位，「使詐」彷彿已經成爲必要的手段，令人防不勝防。如果你不是善於使詐的人，在這個處處都是陷阱的社會中，最好的自保方式，就是以誠待人。

東漢時期，有一位名叫荀巨伯的人，聽說一位在遠方的好友得了重病，於是不遠千里，特地趕去探望。這個朋友看到荀巨伯非常高興，沒想到過了不久，這個朋友所住的城遭到土匪入侵了。

朋友知道這個消息，很憂慮地對荀巨伯說：「謝謝你來看我，現在土匪來了，這個城看來是守不住了。我是一個快死的人，城破不破對我來說都無所謂了，可是，你沒有必要留在這裡，還是趁土匪還沒攻進城來，快點逃走吧！」

荀巨伯聽完，卻相當不高興地對朋友說：「你說的是什麼話！朋友應該有福同享，有難同當。現在大難臨頭，你卻要我扔下你不管，自己去逃命，我怎麼能做這種不仁不義的事？」

等到土匪攻破城之後，人人都急著逃命，只有荀巨伯還無畏無懼地跟他的朋友待在家裡。

土匪闖進來，看到荀巨伯並不害怕，便問他說：「我們所到之處，沒有人像你這樣鎮靜的，你難道不怕我們嗎？」

荀巨伯坦然地回答：「我不是不害怕，只是現在我的朋友病得很重，我不能因為你們而丟下朋友不管。你們如果真的要殺人的話，就殺我吧！請不要殺我這位沒有抵抗能力的朋友。」

土匪聽了荀巨伯這番充滿情意的話，相當佩服他的為人，為了表達他們的敬意，就退出了這座城。

很難有人做得到完全待人眞誠，就算是孔子這樣的聖人，周遊列國經過蒲地遭亂民扣留時，也是靠著使詐的手法，最後才得以脫身。

由此可知，現實社會中，偶爾適時地使詐是必要之惡，世俗所謂的眞誠，多少都帶有虛假的成分。

可是，當你使詐的手段沒有辦法超過別人時，那麼，剩下的武器就只有眞誠。

因爲，再會使詐的人還是會有心虛的時候，當你的眞誠觸動到別人的心虛時，保護自己的目的也就達到了。

想交朋友，必須先學會「做朋友」

> 真正的朋友，也許並不是那個對你最好的人，而是在你需要的時候，願意伸出援手的人。

認識朋友不難，要維持一段長久的友誼卻很難，時間可以使友情變得更濃郁，也可以令友誼變得脆弱。人會成長，人也都會改變，能隨著人生成長的友誼，才是一段值得珍藏的感情。

在美國內戰期間，林肯總統的情緒猶如一根繃緊的紘，一不小心就會有扯斷的危險。為了紓解自己積壓許久的躁鬱，林肯特地寫信給一位相隔千里，住在美國西半部的老朋友，請他撥空來華盛頓提供一些意見，舒緩連日來的緊張壓力。

當這位老朋友千里迢迢，專程來到白宮拜訪時，林肯十分感動，欣喜之餘，就將自己所面臨的煩惱壓力全都宣洩出來。

話不吐不快，這一吐卻吐了數小時之久，而且一直都是林肯在發言，老朋友除了應聲附和之外，完全沒有發表任何意見。

兩人相處到深夜，便握手道別，這位老朋友不辭辛勞來到華盛頓，好像只是為了扮演一天聆聽者的角色而已。

內戰結束後，林肯想起了這件事，覺得非常過意不去，致電想表達自己的歉意。沒想到這位朋友絲毫沒有一絲芥蒂，反而開懷大方地說：「我知道你當時需要的，正是一位友善、充滿同情的靜聽者，所以你並沒有詢問我的意見。在宣洩之後，你的心情似乎平靜多了，我想這就是身為你的朋友所能為你做的了。」

林肯聽了備感窩心，從此更加珍視這份歷久彌新、難得的珍貴情誼。

一個人的力量也許有限，遇到困難的時候覺得自己力有不逮，但是只要你認識十個知心的好朋友，你也就等於有了十個人的力量。

這十個人可能又個別認識十個值得交往的好朋友，如果你能獲得他們信賴，那麼，你就有了一百個人的力量，許多難題就能迎刃而解！

眞正的朋友，也許並不是那個對你最好的人，而是在你需要的時候，願意伸出援手的人；也許不是對你掏心掏肺、無話不談的那個人，而是肯聽你掏心掏肺、侃侃而談也不覺得厭煩的人。

越是到了一定的年紀，越會覺得友情的可貴，開懷時可以秉燭夜談，寂寞時可以談天說地，傷心時可以相互慰藉，這樣才稱得上難得的摯友，你有沒有這樣充滿濃厚情誼的朋友呢？

不要急著「過河拆橋」

不要因為眼前的得意，而忘了從前的失意。懂得用過去來提醒自己的人，現在的成就才會保持得更長久。

所謂的過河拆橋，不一定專門指忘恩負義的人。當人忘了自己遭逢困境時的心態時，也算是另一種形式的過河拆橋。

當別人不識趣地提起你最不願意回首的往事，你會用什麼態度去面對？是惱羞成怒？是氣急敗壞？還是把它當作一股警惕的力量？

不中聽的話是一把銳利的劍，有時候可以刺穿你的心臟，但是你也可以勇敢伸手握住它，使它成爲你的利器。言者無意，聽者有心，一切在於你如何用心來面對人生曾經有過的挫折。

春秋五霸之首的齊桓公，有一次與管仲、鮑叔牙和寧戚三個重臣坐在一起飲酒。四個人越喝越高興，於是，酒酣耳熱之際，齊桓公更對鮑叔牙說：「你喝得最少，所以應該起來說幾句話，給我們助助酒興。」

鮑叔牙舉起酒杯，站起來對齊王說：「有幾句祝酒辭正好可以藉這個機會說。第一句，希望大王不要忘記逃亡去莒國的事；第二句，希望管仲不要忘記成為魯國階下囚的事；第三句，則希望寧戚不要忘記當初睡在牛車下面的事。」

齊桓公聽完之後，不僅沒有生氣，反而趕忙站起來對鮑叔牙深深施禮，語氣真誠地說：「寡人和他們兩個，都會謹記您說的話，使齊國永保霸業，社稷鼎盛！」

鮑叔牙在酒席上趁著大家正高興的時候，講出每個人在最倒楣的時候遇到的事情，按照常理，這是故意掃大家酒興的行為。

事實上，鮑叔牙也正是想掃大家的興，因為他要讓大家知道，不要因為眼前的得意，而忘了從前的失意。

你可以反駁別人的批評，斥責別人的無知，但這樣並不會使你在別人心目中的地位提高，反而得不償失，只有像齊桓公這樣勇於接受的人，才可以藉此不斷提醒自己，締造更高的成就。

也許有人會認爲，留著失意時的「橋」，不但沒有意義，對已經得意的自己而言，更是一件很沒有面子的事。

可是，哪個人沒有過去呢？懂得用過去來提醒自己的人，才會贏得別人敬重，現在的成就才會保持得更長久。

而且，這條代表著失意的「橋」，不知道在哪一天會成爲你的避難器具，急急忙忙的拆掉，不也代表缺少了一條退路嗎？

觀察入微才能獲得先機

忙碌的現代人，很少仔細地觀察生活裡的人事物，發現細微之處的不同，總是錯過在眼前閃現的機會，日子過得迷迷糊糊。

很多時候，成功的契機就隱藏在那些我們不注意的小地方當中，一個不經意，很可能就錯過了致勝的先機。

喬治是個已經年過四十的中年男人，一直以來，他都以風度翩翩的形象出現，他的人緣非常好，不管走到哪裡，都是最受歡迎的人。

有一天，他參加了一場老同學的聚會，大家在聊天時，話題不知不覺地便轉到了喬治的身上。

同學們都提出疑問，從學生時代就頗具魅力的喬治，為何到了這個年紀，身上的吸引力仍然與日俱增，絲毫未減？

好奇的老同學們，全都把注意力圍繞到喬治的身上，要他無論如何一定要說出維持魅力的秘密。

剛開始，喬治都推說，要個性樂觀、笑口常開、樂於助人……等等，但是，大家覺得他根本是在敷衍，並不相信這些抽象的理由，堅持要他說出真正的秘訣是什麼。最後，喬治敵不過大家的逼供，便聳了聳肩說：「好吧！你們仔細地看我，我整個人哪一個部份看起來最舒服？」

同學們觀察了許久，有人猜是衣著，有人說是臉型或笑容……等等，但是，喬治全都搖頭。最後，有個同學說：「是髮型！」

喬治這才笑了笑，說：「是！就是髮型！」

這會兒大家才仔細地看著他的頭髮，也都一致贊同，他的髮型的確是看起來既自然又舒服。於是，大家急著問他：「你的頭髮到底是在哪間髮廊剪呢？可不可以幫我們介紹一下？」

喬治笑著說：「其實，我沒有固定去哪一間髮廊啊！我只是很挑理髮師而已，至於我的選擇方式是，找店裡髮型看來最差的那個理髮師，然後請他幫我修剪。」

大家聽到後，吃驚地問：「為什麼？」

喬治回答：「你們難道不知道嗎？理髮師們都是互相修剪對方的頭髮啊！」

觀察入微的喬治，能夠發現選擇理髮師時的訣竅，那麼生活中的小細節，相信他更不會有任何遺漏或錯過。

忙碌的現代人，很少有人能像喬治一樣，仔細地觀察生活裡的人事物，從中發現細微之處的不同，而加以運用，許多人總是在錯過，不斷錯過在眼前閃現的機會，日子過得迷迷糊糊。

能洞察入微，你才有機會改變人生。當別人仍然等著容易失手的理髮師時，只有你能發現，留著一頭亂髮的理髮師傅，儘管外在造型不具公信力，但是，其實是深藏不露的高手，能爲你設計出不同凡響的造型，那麼你就能比別人更容易成功。

讓彼此都擁有一副好心情

維持良好的人際關係，並不是處心積慮地迎合別人，也不是一年到頭虛情假意地「陪笑」，而是發自內心地與人交往。

人與人之間的矛盾與衝突，經常來自一些意見上的相左，而且，越愚蠢的人越希望獲得敬重，越講究一些形式上的禮儀。

因此，保持恰當的應對進退，即使對方錯了，也儘量不和他發生爭辯，是營造人際關係之時應該注意的要點。

不管在日常生活或是工作場合，千萬不要只想到突顯自己而不考慮別人，這是維持良好人際關係最重要的準則。

只要言行得體，就能讓別人喜歡自己，讓彼此都擁有好心情。

要在工作場合使別人欣然採納自己的意見，維持良好的人際關係非常重要。狄更斯．費爾特曾提出如下的忠告：「切勿與人爭論激辯，即使彼此的意見相左，也應巧妙有禮地轉變話題。」

與朋友發生爭論，常常會傷害彼此，有時甚至會反目成仇，從此失去這個朋友。這樣的爭論無疑喪失了交談的意義和價值，既然如此，又何必爲了證明自己正確而和別人爭論不休。

史夫易特也說：「最惡劣、最糟糕的交談，莫過於爭論了。」

在商業界，雖然眞正的情誼較爲淡薄，但是維持良好的人際關係，仍然可以幫助自己成功，因此必須把它當成一件重要的工作。

其實，那些口頭上認爲「商業界無所謂友情」的人，在面臨自己無法解決困難時，往往也會尋求週遭的朋友幫忙。

以銷售員來說，想要提高自己的銷售成績，或許有各式各樣的可行方法，但卻不會比友情更能創造出綿綿不斷的效益。

假設其他條件相同的話，一位深具協調性、容易結交朋友的銷售員，他的成功率，毫無疑問地會比其他人高出許多。

無論在商業場合或辦公處所，臉上經常保持笑容，能令人感覺溫暖、熱心、舒暢的人，十之八九都會給人留下良好的印象。

當然，維持良好的人際關係，並不是處心積慮地迎合別人，也不是一年到頭虛情假意地「陪笑」，而是發自內心地與人交往，用和顏悅色的親切態度對待週遭的人，讓彼此都擁有一副好心情。

這一點，是每個人都能夠做到的。

8. PART

如何讓對方看清自己的缺點？

狂妄自大的人，往往對自己說過的話不負責，信口開河說自己樣樣都行，其實他能幹的地方只一兩個方面。

小心別人反咬你一口

在交際應酬場合宣揚別人的隱私，說人家的閒話，在背後胡亂評說他人等等，都是要不得的，可別忘記，別人可能隨時進行反撲！

想要擁有圓融的人際關係，獲得自己想要的幫助，必須進行積極的自我訓練，首先必須管好自己的嘴巴，不要談論別人的是非和隱私，再者是留意自己說話之時的態度和神情。

商務活動免不了交際應酬，在應酬中難免會聊一些與商務無關的事情，藉此來沖淡緊繃的氣氛。然而，有的人卻是以宣揚別人的隱私而沾沾自喜，殊不知，這是生意場上交際應酬中的大忌。

有的人試圖知道別人的隱私來突顯自己消息靈通，以為這樣一來能提高自己的地位，其實，這種想法大錯特錯。

宣揚別人的隱私，也許會有討好的一面，例如：

第一、交際應酬多了談天的資料。

第二、能滿足聽者的好奇心理。

第三、知道別人的隱私後，等於可以找機會踩別人一腳。

第四、得知別人的隱私，往後在生意場上彼此交鋒，必要之時，可以拿來充作自己攻擊的武器。

正因爲如此，有的人樂此不疲，每逢交際應酬的場合，都喜歡說短道長，或者打聽別人的隱私。

然而，這樣的人只是看到事情的一面。事情的另一面是，許多人對說長道短的人，都不免懷有強烈的戒心，甚至會想：「他會不會打我的主意？會不會在別的場合數落我的隱私？」

這麼一來，大家對這樣的人便會敬而遠之，在生意場上也不會想要跟他有任何合作關係。

在交際應酬場合宣揚別人的隱私，說人家的閒話，在背後胡亂評說他人等等，都是要不得的行爲，雖然可以到處向別人炫耀自己消息靈通，但是，可別忘記，別人可能隨時進行反撲！

不過，也有的人在交際場合說「隱私」，道「閒話」，兼「批評」，有時還來一段諷刺挖苦，表現得肆無忌憚，但效果卻很好。

爲什麼？

原來，那是完全以自己爲對象，大談自己的「隱私」，把自己的缺點爽爽快快地拿到大家面前來「數落」一番。

這樣的調侃往往能收到喜劇效果，相當受歡迎。

老虎的屁股千萬別亂拍

法國思想家蒙田說：「不能駕馭外界，我就駕馭自己；如果外界不適應我，那麼，我就去適當它們。」

人總是充滿優越心理，總是認為別人不如自己，對於別人的成就嗤之以鼻，認為自己只不過是欠缺運氣。

其實，成功與失敗的分野，並不在運氣，而在於為人處世的智慧。

因此，即使你認為自己的上司是個不折不扣的蠢蛋，也不要在言行舉止上表現出心中的蔑視，更不要試圖以激烈的手段對抗他，而要積極地勉勵自己增強實力，盡快超越他。

也許你會認爲，遇到膨風無能的「豬頭」上司，只要設法向公司高層申訴或告密，數落他的罪狀，讓他丟掉飯碗，自己不就可以脫離苦海了嗎？

照常理來說，不管你用什麼方法向公司高層申訴、告發，一次、兩次之後，公司自然會進行調查，最後，那位無能的上司終究會被革職。然而，事情往往沒這麼單純。

我們不妨換個角度想，既然你的上司那麼無能，爲什麼能晉升到目前的職位呢？說不定他有某些你不知道的人脈關係，或者背後擁有你的力量所無法撼動的靠山。舉例來說，也許公司的領導高層中，就有他的親戚好友，充當「守護神」庇蔭著他。

萬一你精心策劃的逼退行動失敗，屆時要辦理移交、捲鋪蓋走路的人，恐怕就變成是你了。

縱使你的逼退計劃成功，順利趕走了惹人厭煩的上司，那麼，從此以後，你在公司同仁眼中就成了一位陰險的「職業殺手」，大家都會對你敬而遠之，沒人敢與你交往，新來的上司恐怕也會對你「另眼相看」，你以後在公司就沒好日子過了。

如果你還是忿忿不平，堅持不願讓那種愚蠢、刻薄的上司坐享其成，也不願幫助他升官，也許你會暗中替他製造麻煩，扯他後腿，讓他在公司出糗難堪。你當然可以這樣做，但這無疑是最差勁的選擇。

因爲，就算你順利地讓他出糗難堪，只要他仍保住職位，一定不會放過任何可以報復你的機會。這樣一來，就和設法使上司被革職一樣，「不成功便成仁」，反而會危及自身。

即使你的計劃成功，新來的上司很快就會風聞你的「輝煌」歷史，處處對你充滿戒心，不敢委以大任，那就得不償失了。

法國思想家蒙田說：「不能駕馭外界，我就駕馭自己；如果外界不適應我，那麼，我就去適當它們。」

上司就有如一隻「老虎」，老虎的屁股千萬不要亂拍。也許你憤世嫉俗，也許你討厭趨炎附勢，不想向現實低頭，但是，就算你想拍「老虎」的屁股，也不能只憑一時的匹夫之勇，而是必須靠深謀遠慮的謀略和智慧。

別只會用嘴巴把自己「吹成」英雄

一個人的價值在於完成了什麼事，不在於說了什麼話。只會高談闊論，在現實環境根本毫無用處，只會惹來別人的陣陣訕笑。

我們不能憑最初的印象去判斷一個人，因爲在陽光照射得到的地方，奸猾的人總是滿口仁義道德，表現出一副不貪不取的模樣，而在黑暗的角落，他們卻是男盜女娼，露出貪得無饜的嘴臉。

正因爲如此，深諳人性的孟德斯鳩才會說：「衡量一個人的真正品德，往往要看他知道沒有人會發覺的時候做些什麼。」

在生活週遭或者工作場合，我們常常會碰到善於吹牛並且強詞奪理的人。千萬不要和這種專逞口舌之能的人做朋友，應該儘快和他們疏遠，即使因爲種種因素無法擺脫他們，也應該設法保持一定距離，防止他們走進自己的生活圈，否則最後受害的將是自己。

在現實生活中，也有許多喜歡動口不動手的人。有的人則胸無點墨，只會仗著一張嘴大說歪理，試圖以花言巧語矇騙對方。

有的人本身成事不足敗事有餘，從未幹過像樣的事情，卻口若懸河把自己說得如何傑出。有的人明明是混不出名堂的窮光蛋，卻老是幻想自己是億萬富翁，開口閉口都是巨額的投資計劃；有的人連自己都無法駕馭了，卻可以大言不慚地談論領導秘訣。

目前社會中，這種不學無術的人到處可見，我們應該小心地加以防範，不千萬要被誇大不實的謊言矇騙。

相對的，我們也應該時時提醒自己，要腳踏實地去實踐自己的計劃和理想，不要淪爲滿腦子想法，只會用嘴巴建造空中樓閣。

必須記住，一個人的價值在於他完成了什麼事，不在於他說了什麼話。只會使用華麗的詞藻高談闊論，試圖唬弄別人，在現實環境根本毫無用處，只會惹來別人的陣陣訕笑。

譬如，有些企業負責人或是生意人，總是在別人面前議論國家財經政策，或是口沫橫飛大談企業經營謀略、管理方法，而自己的公司或工廠卻瀕臨倒閉，這豈不是一種絕大的諷刺嗎？

沒有內涵，卻老是耍弄詭辯自欺欺人的人，永遠也成不了大事。

在日常生活中，我們應該多做點實實在在的事，少耍嘴皮子玩弄詭辯的花招。同時，對於那種光會耍嘴皮子說大話的人，也要敬而遠之，千萬別把他們當作好朋友去交往。

如何面對狂妄自大的部屬

狂妄自大的人就像是隻公雞，認為太陽升起的目的，只是為了聽牠啼叫。

人與人之間的互動，應當是溫煦和善的，不應該像使刀弄劍一樣直來直往，使自己陷入無可退避的窘境。

尤其是，遇到某些自命不凡的人之時，更要小心自己的應對方式，千萬不要激起他們的對抗心理，爲自己製造不必要的麻煩。

有的下屬仗著自己「才高八斗」，就目空一切、恃才傲物，誰都看不起，包括自己的上司。令人頭痛的是，他又有一手絕活，公司缺少不了他。在這種狀下，你只能掌握這種下屬的個性，並學會與他和諧相處。

一個人狂傲未嘗不可，有時狂還是優點。但是，太過狂妄就不太好了，狂妄的人往往患有妄想症，或許這種人是個人才，但卻過於自命不凡，以爲自己是曠世之才，前無古人後無來者。

如果一個下屬狂妄到這種地步，基於現實利益卻又不能開除他，那眞是教領導者頭痛萬分。

大凡恃才傲物的人都有如下的特性：

1.把自己看得很了不起，別人都不如他，說話也一點不謙遜，甚至常常話中帶刺，做事也我行我素，對別人的建議不屑一顧。

2.大多自命不凡，卻又好高騖遠、眼高手低，即使自己做不來的事，也不願看到或交給別人去做。

3.往往是性格怪異的自戀狂，聽不進也不願聽別人的意見，不太和別人交往，凡事都認為自己才是對的，對別人總是抱持懷疑態度。

英國詩人艾略特說：「狂妄自大的人就像是隻公雞，認為太陽升起的目的，只是為了聽牠啼叫。」

要跟狂妄自大的下屬相處，必須先掌握他們的心理，然後採取有效的因應方法，要用其所長，切忌壓制、打擊或排擠。

狂傲的人，大都有一技之長，否則，根本就沒人願意理會他。因此，你在看到他不好的一面時，一定要有耐心地與他相處，要視其所長而加以任用，絕不能因一時看不慣，就採取壓制的辦法。

這樣，只會讓他產生一種越壓越不服氣的叛逆心理，當你需要用他的時候，他就可能故意拆你的台或扯你後腿。

因此，萬一你碰到這種人，就要想想劉備爲求人才三顧茅廬的故事，畢竟你是在爲整個企業的利益著想，而不是爲了個人的利益在忍氣吞聲，因此，在這種人面前，即使屈尊一下也不算失掉人格。

如何讓對方看清自己的缺點？

狂妄自大的人，往往對自己說過的話不負責，信口開河說自己樣樣都行，其實他能幹的地方只一兩個方面。

蠢蛋的特徵是狂妄自大，有了一些成就或技能之後就開始膨脹，眼中只有自己巨大的身影，再也容不下別人。

在現實生活中或工作場合，這種夜郎自大的人到處都是。不得不和這種人相處之時，應該注意應對方式，不必和他硬碰硬，會傷害對方自尊的話語也儘量少說，只要透過適當的時機讓他認清楚自己到底有幾兩重，就可以澆息他的氣焰。

人不可能樣樣精、樣樣行，狂傲自大的人雖然在某些方面、某個領域內才能出衆，但仍有他的不足和缺陷。

因此，你也可利用這點來讓他看到自己的不足，讓他自我反省，減低自己的傲氣。譬如，安排一兩件做起來相當吃力，或者估計難以完成的工作讓他做，並事先故意鼓勵他：「好好做就行，失敗也沒關係。」

如果，他在限定的時間內做不出，你仍然和顏悅色安慰他，那麼，他就一定會意識到自己先前的狂妄是錯誤的，並會加以改正。

此外，狂妄自大的人，往往對自己說過的話不負責，信口開河說自己樣樣都行，其實他能幹的地方只一兩個方面。

領導者不妨抓住他喜歡吹噓的弱點，對他說：「這件事情全公司人都做不來，只有你才行。」而給他的工作，恰恰是他陌生或做不好的事情。

他遭到失敗是預料之中的事，失敗之後，同事肯定會嘲諷他，令他難堪，這時你要充當好人，適時安慰他，不要讓他察覺你是故意要讓他出醜。這樣一來，他就會服服貼貼，雖然不可能改掉狂傲的脾氣，但你以後使用他的時候就順手多了。

狂傲自大的人由於總是認爲自己了不起，因此，做什麼事都顯得漫不經心，以表現自己是多麼厲害，隨隨便便就可以把一件工作做好，所以，常常會因爲這種心態而把事情搞砸。

這時候，你千萬不可以落井下石，相反的，要勇敢地站出來替他承擔責任，幫他分析錯誤的原因。

這樣一來，他以後在你面前就不會傲慢無禮了，並會用他的特殊才能來幫助你完成工作。

會「修理」你的朋友一定要交

朋友太多了就難辨真偽，必須在日常交往中積累經驗，不過，有一種朋友肯定值得一交，那就是會當面「修理」你的朋友。

生活在這個世界上，每個人都會擁有自己的朋友。有很多人因爲好朋友的幫助而獲得成功，也有很多人因爲壞朋友的算計而招致失敗，甚至因爲壞朋友的緣故而傾家蕩產、妻離子散。

這樣慘痛的事例並不少見，而且一再地在人生舞台上演。

正因爲如此，我們在結交朋友時必須小心翼翼，寧可沒朋友，也不要隨隨便便結交一堆狐群狗黨。

當你緊閉心扉的時候，有的人會用熱誠的心去開啓。遇到此種情景，你不妨試著和他交往一陣子看看，仔細觀察他的言行舉止，不然就可能錯失一個難得的好朋友。

當然，想要敲開你心扉的人，也許會有其他企圖，但只要你睜亮雙眼，就可以洞察他的眞正目的，他的詭計就難以得逞。

人生在世，無可避免地要面對「結交朋友」這個課題，交上好朋友是你的幸運，他們會使你走上人生的光明大道，甚至爲你帶來事業上的成功。若是交到壞的朋友，這將是你一生中最大的不幸，他們不把你誘入歧途徹底毀滅，是不會甘心的。

朋友有很多類型，他們對待人的態度也五花八門，有見面專說恭維動聽的好話，有的專門灌迷魂湯，誘使你一步步墮入罪惡的淵藪；有的口蜜腹劍，專在背後捅你刀子；有的熱情似火，有的冷漠如冰；有的有事相求才會找你，還有的必須給他好處，才會認爲你是「朋友」。

朋友太多了就難辨眞僞，必須在日常的交往中去積累經驗，記取教訓。不過，有一種朋友肯定值得一交，那就是會當面「修理」你的朋友。

會「修理」你的朋友，與專說好話給你聽的朋友比起來，你肯定會討厭他們。因爲，這種朋友說的都是不中聽的話，而當你得意洋洋地向他訴說某項計劃時，他又會迎頭潑你一盆冷水，你滿腹的計劃、理想，往往被他毫不留情地說得一無是處。

有時，他還會把你爲人處事的缺點批評一通……

總之，從他嘴裡聽不到一句讓你高興的話，這種人不使人討厭才怪。

但是，如果你因爲怕聽那些令自己不愉快的話，就懶得和這種人交朋友，那就大錯特錯了。

一般人在與人交往過程中，都儘量不去得罪人，因此多半會說些好聽的話讓別人高興，這算不上奸詐或卑鄙。

但是，站在朋友的立場，明知道你有某些缺點而隱瞞不說，反而一味地吹捧你，這又算什麼朋友？

這種朋友即使不害你，也失去了交友的意義。

有些人喜歡聽好話，聽了好話便喜上眉梢，完全不去仔細琢磨這話裡面攙了多少虛假成分，而且一樂昏了頭，就會對這些朋友言聽計從。

相較之下，光揀難聽話說、讓你討厭的朋友，無疑眞實多了。他們絕對不會有求於你，但出發點又是爲了你好，這種朋友難道不值得交往嗎？

人一旦有求於人，在別人面前說話必定句句都是好話；用難聽的話來「修理」你的，才是眞心想助你進步、成功的人。

說話含糊會使你作繭自縛

與人交談時應該注意，答話千萬別含糊，否則容易產生誤會，萬一無法自圓其說，必定陷入窘境，任何說話技巧都無濟於事。

德國心理學家馬克．拉莫斯曾經提醒我們：「不管贊成或者是反對某件事，兩種意見總是會有大量的理由。語言的藝術就在於你如何充分地表達，但是百分之九十九的人，卻經常忽略說話的重要性。」

想要建立良好的人際關係，成功地使事情朝自己期望的方向發展，就不能不加強自己說話的方式。

據說，文藝復興時期的藝術大師米開朗基羅，在為教皇朱理二世繪製宮廷的天頂畫之時，朱理二世曾要求他，必須盡可能將聖徒和先知們身上的衣服畫得高貴華麗一些。

米開朗基羅對這項要求十分不以為然，但是，以他的身分又不便當面得罪教皇，於是，半開玩笑地說：「您知道的，他們原本就是窮人嘛，何必硬要他們裝闊？」

後來，當他開始製作壁畫時，教皇又派人傳話，要他修改壁畫上的人物。米開朗基羅這次再也按捺不住，以平靜的語氣對傳話的人說：「你回去轉告教皇，修改壁畫是一件小事，用不著他那麼操心，還是請他老人家把心思用在如何把這個世界修改得好一點吧！」

這則軼事提醒我們，與人交談之時應該注意，答話千萬別含糊不清，否則很容易產生誤會。萬一你無法自圓其說，必定會讓自己陷入窘境，任何說話技巧都無濟於事。

所以，說話要把握主旨和邏輯，要恰到好處，以免言談有失，授人把柄，甚至作繭自縛。

這是避免錯誤，擺脫窘境的根本方法。

假如朋友或同事在公開場合責備你，而情況與事實又有出入，這肯定使你難堪。這時，你該怎麼辦呢？

你應該心平氣和地直言：「我們是否私下談談？我想請你調查清楚了再說話。不然，我以後很難和你相處。」

倘若有親友無緣無故責備你，你也應該明確地跟他說：「你讓我十分難堪，請你告訴我這是爲什麼？我哪裡得罪你了？」

當然，假使是你自己做錯了事，哪怕是無意的，也要誠懇道歉。這就是明辨事理，直言不諱，這才是擺脫窘境的方法。

適當的場合提出適度的批評

不注意場合隨意批評人的領導者，不僅會傷了部下的面子和自尊心，也會壞了自己的形象和威信。

身爲一個領導者必須瞭解，批評下屬是一種藝術，不論以什麼方式表達情，都要讓部屬認爲你做得合情合理。

懂得在適當的場所提出適當的批評，你才能有效地揮動手中的權力之鞭，讓部屬朝著你要的方向賣力前進。

穿衣要看天氣，批評也要看場合。

批評下屬一定要注意場合，而且不能像潑婦罵街。因爲，是大部分人都不願意看到上司斥責部屬，不願看到自己的同事被責罵。當然，有的人會幸災樂禍，但大部分的人是會站在這個被責罵者一邊的。

不注意場合隨意批評人的領導者，不僅會傷了部下的面子和自尊心，也會壞了自己的形象和威信。

有的人喜歡在衆人面前斥責下屬，並不是因爲出於氣憤，而是試圖諉過，想經由這種方式向上級、客戶或其他部屬表明這不是他的錯，而是某個下屬辦事不力造成的。

事實上，這種做法也是幼稚的。

一是，你既然身爲一個部門的領導，就得對這個部門的所有事務負起責任。如果你一味強調自己不知情，只會使你在掩飾的同時，暴露出你的另一面缺失，那就是你管理不力，或由你所主持制定的管理規則不健全。

更重要的是，你的這種推卸責任的行爲，會讓其他的部屬看了心寒，他們會覺得你是一個自私、狹隘、沒有器量的上司。

二是，如果一出了問題，你就把責任往下屬身上推，拿下屬做擋箭牌，那麼，毫無疑問，這個下屬從此就有可能對任何工作都不再熱心。

而且，他心裡還會氣憤地想：「好啊，這次你拿我當替死鬼，那我們騎驢看唱本——走著瞧吧！」

更要命的是，如果你的部屬是一個急性子，也許當場就和你針鋒相對，大吵大鬧起來。這時，他也許會把你一些見不得人的黑幕給抖出來，然後揚長而去。這時，當著那麼多旁觀者，誰的處境最尷尬？最終還不是你丟了自己的面子。

因此，在發生問題的時候，即使你確定是下屬犯的錯誤，也應該把他喊到辦公室，在沒有第三者的情況下進行批評。

「裝瘋賣傻」拒絕不喜歡聽的話

朋友之間當然應該互相關心，但是，對於某些敏感的問題還是小心避開為妙，千萬不要無聊到去當別人傾吐苦水的「垃圾桶」。

美國作家赫爾曾說：「想要把自己剪裁得適合每一個人的人，到最後恐怕連自己都不認識自己。」

其實，做人難免都會顧此失彼，魚與熊掌本來就不可兼得，重點應在於你如何運用智慧，在兩者之間取得一個平衡點來做你自己。

日常生活當中，每個人都有不爲人知的心煩事情，有些人卻毫不體諒別人的立場，硬要把自己的煩惱加諸別人身上，硬要把自己的私事傾吐給別人知道。對於這些惱人的事，也許你根本懶得理會，甚至連聽也不願意聽，但是又怕對方發生不必要的誤會，所以不得不耐著性子，勉爲其難地充當別人的「垃圾桶」，最後把自己搞得煩不勝煩。

這種做法其實是錯誤的，千萬要記住，對於別人的某些私事，聽過就算了，不要捲入是非的漩渦，尤其是夫妻間的感情糾紛，否則你馬上會變成「是非人」，無法全身而退。

朋友之間當然應該互相關心彼此的生活狀況，但是對於某些敏感的問題還是小心避開爲妙，千萬不能憑一時的正義感過問別人的家務事，也不要無聊到去當別人傾吐苦水的「垃圾桶」。

對於朋友的家庭糾紛要裝聾作啞，不要追問事情的來龍去脈，因爲一旦你知情或介入了，就會被他們認定爲當然的「判官」，從此不得安寧。

遇到朋友對你傾吐這些惱人的問題，如果你不想弄亂自己的情緒，就必須想辦法加以推辭。

遇到對方想邀你聊一聊時，你可以推說自己很忙，不管他說得多麼可憐，一概以「忙得不能抽身」為理由推卸。

只要你使出「拖」字訣，一拖再拖，對方就會馬上轉移目標另找「垃圾桶」，這樣一來，你就可以逃過一劫。

如果你真的避不開，那麼建議你適時「裝瘋賣傻」，裝作根本聽不懂他到底在說什麼，頻頻反覆詢問對方，讓對方覺得自己對牛彈琴，自討沒趣之餘他就會另外尋找「聽眾」。

另外，你也可以表現得心不在焉，專說些牛頭不對馬嘴的話，對方如果是聰明人，一定會識趣打住，另尋可以一吐為快的倒楣鬼，如此一來，你就可以趁機脫離苦海了。

9. PART

人情留一線，日後才有轉圜空間

法國思想蒙田說：「超過尋常限度的行為，都會引來惡意的解釋，因此，我們要保持冷靜的理智，避免走向任何極端。」

換一種說話方式去罵人

在現代的日常生活中，我們屢屢見到令人不滿或生氣的事情，這時，「罵人不帶髒字」的批評方式就可派上用場。

荷姆斯曾經寫道：「誇人只需要舌頭，罵人卻需要智慧。」的確，鐘的完美不在於走得快，而在於走得準確；罵人的話不在於髒，而是在於是否切中被罵人的要害……

漢武帝即位之後，開始討厭撫養自己長大的乳娘，嫌她好管閒事，事無大小都囉哩囉嗦，後來便決定將她趕出宮外。

乳娘在皇宮住了幾十年，當然不願離開宮廷生活，在無可奈何的情況下，便向漢武帝身邊的紅人東方朔求助，希望他能幫忙說些好話緩頰。她把事情告訴東方朔後，東方朔安慰她說：「這沒什麼困難，只要妳向皇上辭行的時候，回頭看皇上兩次，我就有辦法了。」

東方朔以機智幽默著稱，是清朝大文人紀曉嵐最推崇的人物。

他深知漢武帝是乳母一手撫養大的，乳母對他的恩情勝似生母。但是，乳母也有不是的地方，喜歡多嘴饒舌，尤其是漢武帝即位後，已經貴為一國之君，她卻不知收斂，常常毫不客氣地指出他的缺失，使得他下不了台階。

但不管怎樣，乳母終究是乳母，雖有小過錯，還不至於非把她趕出去不可，因而東方朔決意幫助乳母。

到了送乳娘出宮的日子，乳娘叩別漢武帝後，滿眼淚水，頻頻回頭向武帝看幾次。這時，東方朔乘機大聲說：「喂！乳娘，妳點快走吧！皇上早已經長大，用不著妳餵奶了，妳還擔心什麼呢？」

漢武帝一聽到此話，心弦不禁一震，想起自己是乳母餵養長大的，況且她又沒犯什麼重大過錯，就立刻收回成命，讓她繼續留在宮中。

東方朔不愧是處理人際關係的高手，如果他直接向漢武帝進諫，搞不好會使漢武帝惱羞成怒，反而把事情弄得更糟。他採用「指桑罵槐」的策略，輕鬆地達成目的，可謂「罵人不帶髒字」。

其實，在現代的日常生活中，我們也屢屢見到令人滿或生氣的事情，然而，在某些公衆場合，或因爲事情的敏感性，或涉及某些身貴名顯的人，或是考慮到別人的自尊心，不便公開地直接罵人，這時候，「罵人不帶髒字」的批評方法就可以派上用場。

當然，罵人並不是面對事情的最好方式，有時以讚美、鼓勵的方式來激發對方的優越心理，也是不錯的「滲透」方式。

我們在日常的社交活動中，總難免遇到一些令人難堪的窘境和難以回答的問題。這時候該如何說話最恰當？

大原則應該是明辨事理，說話得體；該直言則直言，該含糊就含糊，該超脫就超脫。總之，從實際出發，視情況而定。但是，有一點要特別注意：當有人故意給你難堪，並使你的感情受到傷害，你可不要只顧著氣憤，更不要大發雷霆去硬碰硬，那樣只會使矛盾激化，鬧得兩敗俱傷。

當然，你也不可只張口結舌、滿臉羞紅，使對方覺得你軟弱可欺，那樣他可能會變本加厲地嘲弄你。

你必須頭腦冷靜地控制自己的情緒，運用語言的藝術，尤其是以急中生智的幽默感去對付。

當然，也可能對方並非惡意，有時候是無心之過。不論如何，你應該牢記的是，無論遇到哪種情況，「保持冷靜」的大原則是恰當得體。

不要當個愛揭瘡疤的小人

揭人瘡疤是最沒必要的。每個人都有傷痕，更何況，工作是工作，又何必牽扯到個人的生活和隱私上去呢？

越是熟悉的東西，越容易被人們忽視，正因爲我們天天都在說話，所以總是覺得說話不是多麼困難的大事。

其實，說話是一門藝術，話說得恰如其分，才能如雪中送炭直暖心底；話說得不得體，則令人心寒情傷，如履寒冰。

拿破崙曾經說過一番膾炙人口的話：「要暗殺一個人，可以有各種不同的方式，用手槍、刀劍、毒藥，或者是道德上的暗殺。這些方式的結果都是相同的，只是最後一種更為殘酷。」

最常見的道德暗殺就是惡意的批評，以及揭人隱私。

揭人隱私是最傷人自尊心的一種形式。

每個人都有不爲人知的秘密或隱私，在他過去的工作或生活歷程中，他也許曾犯下錯誤，甚至做過不光彩的事情。如果你知道內情，在你的下屬犯錯誤或和你有不同意見而出言頂撞的時候，你將會怎麼辦呢？是揭人隱私，還只是就事論事？

一位聰明的領導者，是不會把別人過去的不堪情事一股腦地抖出來的，如果你這樣做，那你就太沒水準、太沒涵養了。

有些領導者雖然不至於刻意把別人的隱私抖出，卻常常把它當作籌碼，用來壓制下屬。譬如，在盛怒的時候會語帶玄機地說：「你少跟我鬥，你過去的黑資料還在我手中呢！」

可憐的下屬會因爲的確有污點掌握在別人手中，只好忍氣呑聲，但他心裡卻是非常氣憤，這種心情積累到一定程度，就會出現互相攻擊對方隱私的情況。彼此都把對方的隱私抖出來，弄得兩敗俱傷，除了引來一大堆人圍觀，對誰也沒有好處。

因此，你要清楚，揭人瘡疤是最沒必要的。每個人都有傷痕，更何況，工作是工作，又何必牽扯到個人的生活和隱私上去呢？

也許，有人會說：「我並不是喜歡揭他的瘡疤，但是，他的態度實在太惡劣，我才忍不住的。」

這話乍聽之下似乎有道理，但實際上只說明自己胸襟太窄。

你在態度惡劣的下屬面前，可以採取兩種方式：一是不理他，要不然就狠狠地教訓他一頓，如果的確有必要借助揭過去的污點教訓他的話，最好採用暗示的方法說：「過去的事情我在此就不多說了，你自己心裡明白。」

這種點到爲止的方法，通常會讓態度惡劣的下屬起警惕作用。

有一項調查指出，凡是喜歡翻舊帳的領導者，也喜歡把今天的事情往後拖延。這種拖拖拉拉的人，指責下屬也不乾脆，甚至當時根本就不表露他的批評態度，而在心裡說：「到時候，看我不整死你！」

爲什麼舊事重提會引起下屬們的厭惡和反感呢？

這是因爲無論是什麼人，都不願意別人揭自己的舊傷疤，所以當別人舊事重提時，憤怒的情緒就油然而生了：「好啊，你原來是一個愛揭人瘡疤的陰險小人。」這樣一來，不但他從此不再信任你，而且處處提防，形同仇敵。

當你對下屬說：「你不要以爲過去的事情沒有批評你，你就得意忘形了」或者諸如「過去的事還沒跟你算清，新的事又來了」的話，下屬肯定會心中發毛，認爲原來你是這樣的一個人，對於過去的事還念念不忘、抓住不放，看樣子，在這種人下面工作，是沒有什麼出頭之日了。

先打一巴掌，再給一顆糖

在言語上，你應該巧妙地讓下屬感覺到你的關懷，使他不對你記恨，而是把你的批評看作為一種激勵、一種鞭策。

只知一味斥責下屬而不懂安撫的人，是不合格的領導者。眞正優秀的領導者，在痛斥部屬之後，總會不忘讓他消消氣，補上一兩句安慰或鼓勵的話。就像父母打小孩，小孩號啕大哭之後，父母就會給他一兩顆花花綠綠的糖果或點心，這就叫「打一巴掌還要揉三揉」。

做領導人也應該這樣，因爲，任何下屬在遭受頂頭上司批評後，心中都不好受，有時甚至會想，他是不是對我有什麼成見了。

在這種情況下，如果你能適時地加以鼓勵和寬慰，那麼下屬就會很快振作起來。

你可以在批評他的當天晚上打電話給他，跟他好好的聊聊，讓他寬寬心，那麼他不僅會體諒你，而且，你主動打電話找他，他也會覺得很有面子而感激你。

或者，你還可以私底下對和他關係密切的部屬說：「我是看他有前途、能夠進步的那種人，所以才批評他，雖然方式不太好，但是爲了他好啊！」

若那個人把你的話轉達給被批評者，他就會恍然大悟：「原來，他是爲了我好啊，看來，我錯怪他了。」

當然，在言語上，你應該巧妙地讓下屬感覺到你的關懷，使他不對你記恨，而是把你的批評看作爲一種激勵、一種鞭策。

如果他仍然對你心存疑慮，就應該在工作上繼續表現出對他的信任來，使他感覺到你的批評的確是在幫助他，而不是他所想像的那樣是在整他。這樣一來，他心中的疑慮就會逐漸消失，而且對你的信任也就會慢慢增強。

不過，要切記的是，你的這些舉措是在安撫和寬慰你的下屬，而不是在向他求饒，如果你表現過了頭，讓你的下屬感覺到你是在向他求饒，這可就變成最大的失敗了。

這種行爲不僅無助於你在下屬心中樹立威信，反而會使他覺得你很好對付。

因此，你在安撫下屬的時候，有兩個要特別注意的地方。

一是，不必當面向下屬解釋爲什麼斥責他，只要你確定錯誤的確是他犯的，適度地批評他，他自然就會明白。特別是不能隨便向他道歉，除非你的批評完全搞錯了對象。

二是，不要反覆幾次地對他進行安撫，一次、二次，下屬還會感動，次數多了，他就會覺得好笑，覺得你一點魄力也沒有。

人情留一線，日後才有轉圜空間

法國思想蒙田說：「超過尋常限度的行為，都會引來惡意的解釋，因此，我們要保持冷靜的理智，避免走向任何極端。」

人世間的變化，經常出乎我們的預料，殊不見，信誓旦旦要不惜爲你獻出生命的人，可以在幾天以後就將你拋棄，而揚言跟你誓不兩立的人，也可能在幾天之後，跟你化敵爲友。

因此，凡事不要做得太絕，人情留一線，日後才有轉圜空間。

建安七子之一的陳琳，原先在北方軍閥袁紹手下當書記官。

當時，勢力最龐大的袁紹野心勃勃，見到曹操在亂世崛起，感到對自己威脅頗大，便把矛頭對準了他。為了討伐曹操，袁紹命令陳琳寫了一篇《為袁紹檄豫州》的檄文。

陳琳在檄文中慷慨陳詞，歷數曹操各種罪狀，並且痛罵了曹操的祖宗三代，檄文最後號召天下州郡共同起兵，討伐曹操。

當時，曹操常常偏頭痛。有一次，曹操頭又痛了，正好侍從送來陳琳起草討伐他的檄文，儘管曹操很討厭其中的內容，卻又為它精采的文筆打動，越讀越興奮，竟然不再感到頭痛了。

後來，曹操得知這篇檄文是陳琳寫的，覺得像他這樣有文才的人竟為袁紹所用，實在非常可惜。

袁紹驕橫但卻平庸無能，最後終於在官渡之戰被曹操打敗，陳琳也改而投靠曹操。有一次，曹操忽然想起這件舊事，便責問陳琳：「你當初替袁紹寫檄文，罵我也就罷了，為什麼還要罵我祖宗三代呢？」

陳琳連忙謝罪說：「當時的情況就像是箭已經搭在弓弦上，不得不發射出去，於是就罵個徹底。」

曹操聽陳琳這樣回答，覺得不無道理，也就不再追究這筆舊帳，反而更加器重他，讓他擔任司空參謀祭酒。

法國思想蒙田說：「超過尋常限度的行為，都會引來惡意的解釋，因此，我們要保持冷靜的理智，避免走向任何極端。」

不管在什麼地位、立場，當然都應該堅守自己的本分，但是，凡事適可而止，不要爲了表現自我而做得太過火，逼不得已要罵人的時候也要留點口德，千萬不要太認眞。

陳琳身爲袁紹的臣子，職責所在，他理所當然該爲袁紹認眞辦事，以對袁紹最爲有利的方向作考量。但是，他爲袁紹作檄時卻刻意賣弄文采，痛批曹操之餘，連曹操的祖宗三代都不放過。所幸曹操愛惜他的人才，縱使心中不悅，仍願意聽陳琳解釋，理解他的立場及權宜之計，而不計前嫌，如果陳琳遇到的是一個心胸狹隘、反覆無常的人，腦袋恐怕早就搬家了。

冷靜沉著才能享受戰果

享譽國際的軍事家蒙哥馬利元帥在回憶錄中寫道：「軍事領導的唯一方針是行動上要迅速果決，面臨危險時要鎮靜沈著。」

人在執行重大任務的時候，其實也正是展現自己日後格局的時刻。因爲，只有在這個時候，才能展現一個人的智慧和氣度，讓別人認清誰具有大將之風，誰又是只會紙上談兵的愚蠢傢伙。

唐朝初期的軍事家李靖，為李淵建立大唐王朝立過許多戰功。

李淵當上皇帝後不久，李靖上書，請求允許他領兵去平定在長江中游地區稱帝的蕭銑。李淵採納了他的計策，任命他為引軍總管，充當李淵堂侄李孝慕的副手，率軍前去討伐蕭銑。

西元六二一年八月，唐朝軍隊伍開抵夔州。蕭銑自恃正值秋汛期間，江水上漲，唐軍不敢進入冒險渡江，因此不做任何防備。

唐軍將領中，對是否要在此時橫渡長江也看法不一。許多將領認為，在江水上漲時渡江太過危險，希望等水位下降後再行進兵，但是李靖認為，兵貴神速，現在時機難得，不可錯過。

李孝慕採納他的意見，決定冒險進兵。蕭銑得知唐軍渡江後，趕緊派部將文士弘抵禦唐軍。

李孝慕打算趁勢出擊，但李靖考慮到文士弘是蕭銑的一員猛將，一時很難打垮他，建議等敵軍士氣衰落時再出擊。但是，李孝慕不聽建議，親自率軍出戰，結果大敗而歸。

李靖見敵兵在追擊的過程中搶掠了許多東西，每人身上背得重重的，拖慢了行進速度，覺得這又是個好機會，就乘機出擊。

結果，李靖大敗敵軍，又挽回了頹勢。最後，李靖率軍把蕭銑包圍在江陵城裡，蕭銑只好投降。

享譽國際的軍事家蒙哥馬利元帥在回憶錄中寫道：「軍事領導的唯一方針是行動上要迅速果決，面臨危險時要鎮靜沉著。」

帶兵戰略，不論是快攻奇襲、或是長久抗戰，都不能一味胡亂套用，而是要確切地體認時機是否適當，才能得到效果。

李靖便是一位善用良機的軍事謀略家，他廣泛地觀察地形地勢、天時人和，靈活地運用各種戰略，也因此立下了諸多戰功。

在競爭激烈的人生戰場上，如果不能全盤考量，貿然地讓士兵衝入戰場，不過徒增傷亡而已，更可能爲自己留下敗亡的導火線。

做人何必太性急？

作家弗·奧勒在《蘆薈戀歌》裡說：「倘若匆忙能夠給你帶來一堆好東西，那麼，從容則能給你帶來一袋金子。」

義大利作家普拉托里尼曾經提醒我們：「紡錘也會不準，甚至鏡子裡出現的形象也和實體不一致，教皇也會有說錯話的時候。」

單憑表面去論斷事物是人性的弱點之一，如果不設法加以克服，急躁的結果往往就是讓自己吃大虧。

北宋大文學家歐陽修在《歸田錄》中曾錄載一則馮道與和凝的軼事。

馮道，字可道，五代景城人（今河北滄州市），一生經歷後唐、後晉、後漢、後周四個朝代，侍奉過十位君主，曾三次被任命為丞相。

馮道博學善辯，生性隨和風趣。

與他同時代的和凝，曾任後漢、後周丞相，才思敏銳，但生性偏急。

一天，馮道與和凝同在中書省辦理政務，和凝見馮道身著新衣，腳配新鞋，便開口問道：「馮大人，你買的新鞋花了多少錢？」

只見馮道慢條斯理地舉起左腳看了又看，然後笑瞇瞇地對和凝說：「不多，不多，才九百文。」

和凝一聽，連忙召來下人大聲訓斥道：「馮大人買新鞋只要九百文錢，為什麼我的新鞋卻要花到一千八百文？你這個飯桶，根本不能讓你辦事，等我回府後再好好責罰你。」

下人聽了，臉色發白，哆哆嗦嗦地嚇得一聲不吭。

直到這時候，馮道才咳嗽一聲，慢慢地舉起右腳，笑著對和凝說：「和大人，我剛才還沒說完呢！這只右鞋也值九百文，與左邊的那只相加，不正好是一千八百文嗎？」

眾人聽了，再也憋不住，同時大笑起來。和凝在大家哄堂大笑中，臉上紅一陣、白一陣的，不知該如何是好，處境實在尷尬極了。

作家弗．奧勒在《蘆薈戀歌》裡說：「倘若匆忙能夠給你帶來一堆好東西，那麼，從容則能給你帶來一袋金子。」

馮道與和凝的軼事，雖然是笑話一樁，但也由此看出，衝動行事百害無一利，凡事若能三思而行，說話之前反覆思量，自然不會冒冒失失地動作，也不至於會禍從口出。

凡事留一些轉圜餘地，既能周詳處事，亦能遇事處變不驚。否則哄堂大笑事小，得罪人、壞了事，可就得不償失了。

驕傲的人通常很愚蠢

法國小說家史丹達爾曾說：「驕傲必然與愚蠢結伴而行，而且驕傲與愚蠢總是在一個人將滅亡的時候及時出現。」

驕傲的人通常都很愚蠢，因此，面對不如意的問題，先不要驕傲地預設立場，而要讓自己的思路靈活一點，才不會做出讓自己後悔的蠢事。

著名的心理學家維克多．弗蘭克就曾經提醒我們從不同的角度看問題，他說：「生命中的每一種情境向人提出挑戰，同時提出疑難要我們解決，因此，很多問題的思考方式應該顛倒過來。」

西元前六八年，漢宣帝劉詢派侍郎鄭吉等人，將一批罪犯送到渠犁一帶去屯田，就地積聚糧食，準備攻打西北邊境的車師國。

到了秋收之時，漢軍終於打下車師，但是，不久之後，匈奴卻派騎兵襲擊車師。漢宣帝於是召集群臣商議是否增兵車師，攻打匈奴。

議事之時，將軍趙充國極力主張趁匈奴氣勢尚弱，派兵攻打匈奴右翼，使它不再襲擾西域。

丞相魏相則不同意派兵出戰，他上書進諫說：「近年來，匈奴並沒有侵犯我們邊境。為了車師而去攻打匈奴，是沒有道理的。現在，邊境上老百姓的生活很困難，無衣可穿，無糧可吃，怎能輕易興兵打仗呢？此外，國內連年遭災，收成不好，郡縣中許多官吏都不稱職，風俗、道德也很有問題，兒子殺父親、妻子殺丈夫的案件經常發生，時有所聞。我認為先處理好國內的事情最為重要，應當首先整頓朝政，任用賢能，這才是大事。」

魏相進一步指出：「出兵的話，就算打了勝仗，也後患無窮。仗恃著國大人多而對外炫耀武力，就是驕橫的軍隊，軍隊驕橫必定要滅亡。」

最後，漢宣帝採納了魏相的意見，決定不增兵車師攻打匈奴，只是調動當地一部分軍隊到車師附近，等匈奴兵退走後，再接鄭吉的軍隊返回渠犁。

法國小說家史丹達爾曾說：「驕傲必然與愚蠢結伴而行，而且驕傲與愚蠢總是在一個人將滅亡的時候及時出現。」

自恃能力過人、狂妄驕傲的人，必然覺得自己本身毫無弱點，然而眞的是如此嗎？如果他眞的思慮周全，想必也不會有如此的驕傲心態吧。

成功與勝利的果實，很容易在轉眼之間被蟄伏的蛀蟲啃食掉，倘若昧於一時的成功而驕傲自大，以爲自己無堅不摧，那麼一旦由小處被人攻破，很快就會兵敗如山倒。

因爲，過於彰顯自己的長處，無形中也會曝露了自己的短處，給敵人可趁之機。因此，要懂得時時檢討自己的弱點，不做無謂逞能之事，才能保有長久的成功優勢。

巧妙對人示弱，佔得便宜更多

要想讓他人放鬆對自己的警惕，不妨巧妙地、不露痕跡地暴露出某些無關痛癢的缺點，出點小洋相。

某些時候，「示弱」反而能讓自己更佔便宜。

事業上的成功者、生活中的幸運兒，遭人嫉妒在所難免。若一時無法消除心理誤會，不妨表現出適當的示弱態度，將威脅減到最低程度。

示弱能使處境不如自己的人保持心理平衡，有利於交際。

地位高的人在地位低的人面前，可以展示過往的奮鬥過程，表明自己其實也是個平凡人。

成功的人可以在別人面前多說曾經遭遇的失敗、現實的煩惱，給人「成功得之不易」的感覺。

對眼下經濟狀況不如自己的人，最好適當訴說自己的苦衷，諸如健康狀況欠佳、子女不聽話，或者工作中遭遇了諸多困難，讓對方感到「家家都有一本難念的經」。

某些專業上有一技之長的人，最好宣稱根本對其他領域一竅不通，坦承自己日常生活中如何鬧過笑話、受過窘等。

至於完全因客觀條件或偶然機遇僥倖獲得名利的人，更應該直言不諱地承認自己是「瞎貓碰上死老鼠」。這樣一來，不但可以消除他人心中嫉妒，還能夠籠絡人心，贏得同情。

示弱時，可以推心置腹地私下交談，也可以在大庭廣眾之下，故意訴己之短，說他人之長。

示弱，更要表現在行動上。若你在事業上已處於有利地位，獲得了一定的成功，在其他小事情上，即使完全有條件和別人競爭，也該儘量迴避退讓。對小名小利不妨淡薄些、疏遠些，因為先前的成功已經讓你成了某些人嫉妒的目標，萬萬不可再為一點微名小利惹火上身。

曾有一位記者去拜訪一位政治家，表面上是採訪，實際上想藉機獲得有關對方的一些醜聞資料。

然而，還來不及開口寒暄，政治家就先擺出親切的笑容說：「放輕鬆些，時間還長得很，我們可以慢慢談。」

可以想見，記者對此大感意外。

不多時，僕人將咖啡端上桌來，這位政治家端起喝了一口，立即大嚷道：「喔！好燙！」咖啡杯隨之掉落在地。

等僕人收拾好後，政治家又把香煙倒著插入嘴中，從濾嘴處點火。記者見狀趕忙提醒：「先生，您拿反了。」政治家聽到這話之後，慌忙將香煙拿正，不料卻失手將煙灰缸給碰翻在地。

平時趾高氣揚的政治家出了一連串洋相，使記者大感意外，不知不覺中，原來的挑戰情緒消失了，甚至產生莫名的親近感。理所當然，事後寫出來的報導因此友善了許多。

他不知道的是，這整個過程，其實全是政治家一手安排的。

當人們發現傑出的權威人物也有許多弱點，過去抱有的恐懼感和怨恨就會相應消滅，且由於同情心的驅使，甚至還會產生某種程度的親密感。

要想讓他人放鬆對自己的警惕，進而贏得好感，不妨巧妙地、不露痕跡地暴露出某些無關痛癢的缺點，出點小洋相，表明自己並不是一個高高在上、十全十美的人，如此必定能使人降低戒心，不存心與你爲敵。

別跟身邊的「母老虎」過不去

「母老虎」型的女人精於察言觀色，拆穿男人嚴肅的假面具，所以應該儘量避免與她發生舌戰。

面對人際之間的摩擦，希臘詩人荷馬曾經勸告我們說：「把你激動的心情按捺下去，因為溫和的方式最適宜；還要遠離那些劇烈的競爭。」

世間的人形形色色，每個人都是獨立的個體，也擁有各自的思想和行爲模式，因此，面對不盡如己意的景況，要懂得以妥善方式因應。

管人難，管女人更難，而管身邊的「母老虎」則難上加難。許多公司的部門主管，總是有這方面的感歎。

不可否認，現在的婦女已經能撐半邊天，許多男性主管對於征服男下屬很有一套，但是對付辦公室裡的三姑六婆卻束手無策，因爲在這些三姑六婆當中有不少「母老虎」。

「母老虎」的特徵可以歸納如下：

- 擁有自己的「地盤」，專門在自己的地盤內呼風喚雨。
- 以為世間萬物只要有錢便可以解決。
- 情緒表現十分極端，情感好惡非常強烈。
- 在工作方面工作不重視根本問題，而專門對小事挑毛病。
- 生活的最大樂趣是參加不同類型的宴會。
- 專門與推崇自己的人交往。
- 表面高雅動人，但心地卻不像外表那麼善良，鬥爭手段冷酷無情。
- 雖然不喜歡成群結黨，但也不會單獨行動，身邊隨時有幾名忠實的「男僕」、「女僕」追隨著。
- 衣著講究豪華，款式一定要新穎，跟隨潮流；食的方面好惡明顯；住的方面非常重視，而且喜歡四處向人顯耀自己的品味。

•嫉妒心之強烈超過一般人的想像，尤其是對比自己優秀的人，這種現象更為強烈。

防範這類「母老虎」的方法是：

•避免爭吵。這是避免惹禍上身的最佳方法，因爲就辯才來說，你肯定鬥不過她的潑婦罵街，此外，「母老虎」型的女人精於察言觀色，拆穿男人嚴肅的假面具，所以應該儘量避免與她發生舌戰。

•開門見山。不管你演得多麼逼眞，所捏造的謊言多麼天衣無縫，「母老虎」型的下屬依然會細心地從你的話中找出破綻，然後狠狠地發動攻擊，毫不留情地把你「刮」一頓。所以，與其編造謊言，不如一開始就開門見山將事情說清楚。這樣，不僅可以免於受到「母老虎」的「轟擊」，也可以作爲下屬的表率，提高自己的威信。

•千萬不可惟命是從。對付「母老虎」，有時也必須使用強硬的手段，譬如對她說：「妳以後再這樣狂妄不講理，我將在公司的會議上公開檢討妳，甚至把妳調離公司！」

「母老虎」大多愛好面子，非常注重外界對自己的評價，強硬的態度，肯定會使她氣焰有所收斂。

「母老虎」型的下屬，性格蠻橫，爭強好勝，並且又刁鑽難纏，所以在公眾場合千萬不要與其爭論，否則，一旦你處於下方，大家不僅將你視為「無用的人」，而且，會讓她認為你軟弱可欺，而採取進一步的報復行動。

所以，與其當眾抓狂，和她爭得面紅耳赤，不如先忍一忍，再單獨用道理和職權跟她「計較」。

10.

PART

轉個話題可以化解僵局

洽談生意、聯繫工作隨時可能陷入僵局，只要還有轉圜餘地，就應該試著提出新話題。

你會承認自己是一個「醜男人」嗎？

當一個人產生反感時，潛在心理就是希望自己的優越感能夠得到認可，如果他發現自己比對方還要差時，就會對對方更加反感。

不管目前的你擁有什麼樣的成就、地位或財富，精進自己爲人處世的智慧仍舊是必須的。因爲，你可以從中獲得有形的以及無形的利益，也可以充滿自信化解突如其來的危機。

爲人處世的最高智慧在於放下虛無的身段，勇於面對自己的各種缺陷，把它們當作建立自信的砥礪。

人一旦對自己充滿自信，即使在大庭廣眾下拿自己容貌上或個性上的缺失開玩笑，也不會覺得受傷害，反而會把它當作解決人際糾葛的潤滑劑。

林肯還沒當總統之前，有一次，一個長得相當醜陋的暴徒怒氣沖沖地拿著手槍對他說：「我曾發過誓，如果有一天遇到一個比我還醜的男人，我一定當場把他打死。」

沒想到，林肯不慌不忙地向那個暴徒承認，自己確實是一個醜男人，並且對他說：「你如果想打，就打吧！」

結果，這個暴徒的氣消了，自動離開。

林肯眞不愧是一個聰明人，不會爲了蠢蛋的愚行而硬碰硬，他對暴徒說話時態度謙卑，因而化解了自己的危機。

如果他遭遇危險之時，仍對暴徒採取高高在上的姿態，必定會引起暴徒更大的反感而受到嚴重傷害。

所幸，林肯面對暴徒的威脅和羞辱，仍仔細去聽對方的話，並消除對方複雜不平衡的情緒，由於他承認自己是一個醜男人，使得暴徒對林肯反感的理由瞬間都消失了。

當一個人對別人產生反感時，潛在心理就是希望自己的優越感能夠得到認可，如果他發現自己比對方還要差時，就會心生怨憤，對對方更加反感。

所以，一個人如果心理狀態不夠健全，就會因爲自己的自卑感，而對別人的優越產生反感。

人一旦有了這種不健全的心理後，便會醞釀出一種攻擊性的防禦策略。

林肯的做法就是放棄自己的優越性，讓自己處於「委屈」的卑下地位，先接受對方的反感，然後再誘導對方產生優越感，這的確是一種能使對方消除怒氣的有效方法。

用「只有你才能」瓦解對方戒心

當一個人優越感被觸及時，就會想要和對方接近。挑起對方的優越感，可以瓦解對方的警戒心理，使他採取積極的回應態度。

美國口香糖大王李格雷的傳記中，有一則向蠢蛋學習智慧的故事。

這件事是李格雷還在一家肥皂公司擔任推銷工作時發生的。有一天，一個雜貨店的老闆，突然跑進李格雷任職的肥皂公司，以非常嚴肅激動的口氣叫道：「像你們這樣的公司，一定會垮掉。」

當時，在場的員工聽到這番話都十分生氣，但是，李格雷卻不以為意地對雜貨店老闆說：「非常對不起！但是我想我們一定非常有緣。我是新來的業務員，請問您有何指教？請給我一點建議吧！把肥皂賣出去是我的責任，您是一個經驗豐富的人，請您教我應該怎樣做。」

這個雜貨店老闆剛開始時很生氣，但是當他被李格雷觸及優越感，隨即和顏悅色地說道：「那……我就告訴你吧，你最好賣便宜一點。」

接著，他對李格雷滔滔不絕地談論生意經，並且越談越起勁，一直說了兩個小時，到最後他不但把推銷肥皂的訣竅傳授給李格雷，而且臨走時還承諾要大批購買該肥皂公司的肥皂。

當一個人優越感被觸及時，他就會不斷地想要和對方接近。因此，當上司想和部下談論一件事情時，與其開口說：「我想和你談一談。」倒不如說：「只有和你才可以談這件事。」

這兩句話給部屬的感覺是完全不一樣的。

上司說前一句話時好像帶著壓力，會使部下的內心裡築起一道防禦的牆，而以抗拒的態度來回答。反之，「只有你才……」的說法，卻可以瓦解對方的警戒心理，使他採取積極的回應態度。

另外，像一些會員制的俱樂部、高爾夫球場或五星級飯店，為了要招募會員，總是利用消費者的潛在心理，採取郵寄廣告的方式，寄上印刷精美的宣傳信函，上面不但有醒目的圖案，還有誘人的廣告詞，例如「惟有像您這樣年收入千萬以上的人……」、「惟有像您這種××大學出身的人……」、「惟有像你這樣被精挑細選出來的人」等等，這些字眼都是想觸及接信人的優越感和虛榮心。

相信每個人一定有過接到廣告傳單，連看都不看一眼就扔掉的經驗，但是，如果接到類似上述口氣的宣傳廣告時，即使不想入會，也會多看幾眼上面的句子，滿足一下自己的虛榮心。

如何壓制對方的氣焰？

有些爭強好勝的人不能理解別人的謙讓，還以為自己真的了不起，由此而變本加厲，更瞧不起人、不尊重人了。

辦公室中，總有幾個人喜歡爭強好勝。這種人根本無法容忍別人的能力、才幹超過自己，總認爲自己天下第一，誰也沒他強。

這種人狂妄氣十足，自我炫耀、自我表現的慾望非常強烈，哪怕是一件小事也要證明自己比別人強，比別人正確；當遇到競爭對手時，總是想方設法地排擠他人，不擇手段地打擊別人。

對這種人，大家雖然內心覺得好笑、幼稚，也瞧不起他，但是，另外一方面，又不願爲了小事得罪他，傷了團體內部的和氣，於是，往往採取了遷就和忍讓的態度。即使是領導者對於這種人，也多半是睜一隻眼閉一隻眼，只求不要正面和自己作對。

這種一味退讓的心態是不對的。

一七九六年，年僅二十七歲的拿破崙榮升義大利方面軍團司令。但是，由於他的身材矮小，而且軍中資歷又淺，部隊裡的高階將領都表現出一副瞧不起他的模樣，而且經常出言頂撞。

拿破崙為了樹立自己的領導權威，決定採取強硬手段。

有一回，一個名叫奧熱羅的將領和拿破崙發生激烈爭吵，拿破崙冷冷地抬起頭，望著眼前的奧熱羅，對他說：「你的身高正好比我高出一個頭，但是，要是你繼續對我無禮，我就會馬上取消這個差距。」

拿破崙的強硬態度，終於使得軍隊裡的其他將領不敢再造次。

追求和諧，以和爲貴，這無疑是人際交往中一個重要原則。爲了顧全大局，求大同存小異，在某些方面做一些必要的退步和忍讓，本身並沒有錯。但關鍵是，有些爭強好勝的人卻並不領這份情，甚至不能理解別人的謙讓，還以爲自己眞的了不起，由此而變本加厲，更瞧不起人、不尊重人了。

顯然，對這樣的人，是不能遷就的，一定要像拿破崙一樣，在適當的時候，給他一點顏色瞧瞧，以適當的方式來壓一壓他的爭強好勝的氣焰，使他知道天外有天、人外有人。

當然，在使用這一招的時候，也要看到爭強好勝者中的區別。

有些人是因爲性格和本性之使然，這種人是很難改變了的，不妨加大力度。還有一些自命不凡的年輕人，由於社會經驗不夠，不知天高地厚，初生牛犢不怕虎。對於這種年輕人，不妨多從正面來引導和點撥，開拓其眼界、增長其見識，使他們變得謙虛謹慎些。

把昨天的敵人，變成今天的朋友

唐太宗選用人才時不拘一格，是歷史上「選仇」的典型。正因為唐太宗不計嫌隙，因而身邊人才濟濟，開創了貞觀治世。

許多日常生活中的實際例子都警惕我們，我們之所以會做那麼多令自己懊惱的蠢事，通常都是怒極攻心之時犯下的錯誤。

因此，做任何決定之前必須牢牢切記，不要用情緒來解決問題。只要運用智慧去面對，許多事都可以圓滿解決，即使是現在讓你咬牙切齒的敵人，也可能是日後幫助你飛黃騰達的貴人。

唐太宗身邊最著名的諫臣魏徵，原先是在太子李建成麾下擔任太子洗馬。當李世民和李建成為了帝位明爭暗鬥的時候，魏徵力勸李建成必須早作謀劃，李世民知道之後，曾當眾斥責他「離間我們兄弟感情」。

後來，李建成在玄武門被李世民襲殺，魏徵被五花大綁帶到金鑾殿，坐上皇位的李世民不計前嫌，親自為他鬆綁，並加以重用，使得魏徵成了貞觀年代的傑出政治人物。這一事蹟傳為千古美談。

風塵三俠中的「李藥師」李靖投效李世民之前曾在隋朝任職。當時，唐國公李淵任太原留守，李靖觀察李淵所為，知道他有奪取天下的野心，因此，打算到朝廷去告密。

豈料，因為道路阻塞，李靖尚未抵達長安，李淵已經揮師攻克長安，隨後捉住李靖，要將他斬殺。李靖大呼說：「唐公起義兵除暴亂，不就是想要成就一番大事，為何要以私怨斬殺勇將？」

李世民見李靖氣宇軒昂，是一名賢才良將，便緊急出面保釋他，並且加以重用。李靖後來為李世民四出征暴伐亂，立下了不少功業，李世民即位後，被任命為刑部尚書、兵部尚書。

此外，唐太宗也任用政敵李建成的舊臣薛萬徹、韋挺……等人。

其中，薛萬徹曾經在唐高祖李淵的手下任車騎將軍，後來轉到李建成的門下。李世民襲殺李建成之後，將李建成的項上人頭掛出示眾，薛萬徹知道後，趕忙逃往終南山藏匿。

李世民多次派人到終南山搜尋，終於將薛萬徹找來，不但不加治罪，還封他為將，後來又升任為右衛將軍等重要職務。

唐太宗選用人才時不拘一格，有時也會大膽任用和自己爭鬥過的仇敵，是歷史上「選仇」的典型。他選仇任仇的事例很多，開闊的胸襟頗爲歷代史學家所稱頌。正因爲唐太宗不計嫌隙，廣羅俊秀，因而身邊人才濟濟，開創了有名的貞觀治世。

轉個話題可以化解僵局

雙方意見對立，儘管談不攏，但問題還要解決，不能迴避。這種情況，就需要迂迴側擊，才能曲徑通幽。

古羅馬思想家塞內卡曾經說：「如果一方退出，那麼爭吵就會很快停止，沒有雙方參加就不會有戰爭。」

要消解對方的不悅，適時退出也是一種有效的方法。談話之時，如果陷入僵局，就要活用退出的藝術，不要哪壺不開硬要提哪壺，有時換個話題或說法，就能掃除尷尬的氣氛。

有一天，著名的肖像畫家斯圖爾特和南北戰爭時期的名將「輕騎哈里」李將軍在一起聊天。

聊著聊著，斯圖爾特不經意地批評華盛頓總統的脾氣很暴躁。

不料，幾天之後，李將軍和華盛頓總統夫婦一起用餐，閒談之間便把斯圖爾特的話說了出來。

華盛頓夫人聽了相當不悅，滿臉通紅地罵說：「這個該死的斯圖爾特！他必須為這些話付出代價。」

李將軍見到自己不經意的一番話惹得總統夫人不高興，氣氛十分尷尬，連忙話鋒一轉：「不過，斯圖爾特認為，總統非常善於控制自己的脾氣。」

李將軍話一說完，只見一直繃著撲克臉的華盛頓總統，終於露出笑容：「他說得倒是不錯！」

俗話說：「話不投機半句多」，當你和朋友的談話陷入窘境時，不妨試著轉換話鋒，特別是提出對方感興趣的話題，如此一來，就會使談話很快恢復正常，使氣氛活躍起來。

話不投機還有一種情況，就是有人有意或無意地拿別人的缺陷或痛處開玩笑，這時更需要轉移話題。

例如，某人脫髮，快變成禿頭了，有人挖苦他是「電燈泡」、「不毛之地」。在這種情況下，他若是幽默地一笑置之並說：「這證明我是『絕頂』聰明！」這樣答覆，話題雖然未轉，內容卻轉了，既表現出自己的豁然大度，又擺脫了窘境。

話不投機的另一種情況是雙方意見對立，儘管談不攏，但問題還要解決，不能迴避。這種情況，就需要迂迴側擊，才能曲徑通幽。

洽談生意、聯繫工作隨時可能陷入僵局，只要還有轉圜餘地，就應該試著提出新話題。遇到窘境的時候，轉移話題或許能開闢新的途徑。

把自己的意見滲透到別人心裡

如果你朋友是那種傲慢得從不說「是」的人，你就應該像興登堡的參謀們一樣，將自己的意見「滲透」到他的心裡去。

面對「莫測高深」的上司，許多企業管理階層的幕僚，都有著不知如何是好的困擾，既不能大剌剌地要求對方做出明確的指示，表達建言之時更不能有所閃失，以免得罪掌握自己升遷大權的人，因此陷入左右爲難的困局。

其實，想要讓上司採納自己的意見，就必須用高明的技巧，將自己的意見滲透到上司的心理。

有些自視清高的人，從來不願受人驅使，別人有事求他卻很樂意，跟這樣的人交朋友，你要善知他的性格特點才行。

這種人，他們與別人交往的時候很少點頭稱「是」，而且常常擺出一副傲慢的姿態，似乎別人都不如他。有這種特徵的人，通常身分、層次較高。

其實，根據心理學家的分析，凡是不願說「是」的人，並不全是傲慢，有的反而是懷有強烈的自卑感，內心恐怕自己比不上別人。因爲擔心自己比不上別人，所以不喜歡說「是」，藉以補償自己的自卑感。

從前的德國名將興登堡，就是這樣一個典型的例子。他的一個部下曾在一部回憶錄裡記述說：「元帥（指興登堡）從來不對我說『是』，當他不說話時，差不多已等於贊同我的意見了。我相信他對於『是』字相當厭惡。」

與登堡的參謀都已捉摸透與登堡的這種性格，懂得用各自的意見「滲透」元帥的心，這樣一來，雖然元帥不開口說「同意」二字，大家也都明白元帥已經接受了各人的意見。

興登堡雖然具有不說「是」的缺點，但他有豐富的分析能力，善於分析利害，是一位很好的將領人才。

在日常生活中，你可能遇到一些從不說「是」的朋友，也可能你自己就是一個不喜歡說「是」的人。

如果你朋友是那種傲慢得從不說「是」的人，你就應該像興登堡的參謀們一樣，將自己的意見「滲透」到他的心裡去。

而如果你自己是那種不願說「是」的人，就應該捫心自問，自己的這種姿態是清高自傲，還是自慚、自卑？

如是自卑，就應該虛心向人學習，如果是自傲，則應想到大家都是平常之人，自己雖然不錯，別人肯定也有許多長處，憑什麼傲慢呢？

誘使對方朝著你的方向走

雖然運用兩者中選擇一種的方法，常會產生許多障礙，但是，可以迫使處於疑惑不決的對方，朝著你所希望的方向去選擇。

美國演說家赫拉在提到如何活用「潛在心理術」時，經常引述歷史上偉大人物的政治演說。

譬如，他曾舉例說，古代羅馬的政治家布魯斯特在殺害凱撒之前，有一場說服長老院長老的演說，其中一段話是這樣說的：「你們是希望讓凱撒死，而你們大家過自由的日子，還是希望讓凱撒活著，你們都淪爲奴隸終至死亡？這兩者，你們要選擇的是什麼？」

赫拉指出，這段演說主要是爲了讓長老院的長老，放棄選擇其他的辦法，迫使他們在「自由」或「死亡」之中進行選擇。

另外，還有一句名言：「不自由，毋寧死。」這是美國人爲了擺脫英國的統治，巴特利克郭利所說的一句話，又可稱爲是獨立戰爭的宣戰宣言。

選擇一個好的獨立宣言，對當時的美國人來說非常重要，因爲萬一失敗，是會被當作反叛者而處以極刑的。爲了避免人們的猶豫，要人民自己做決定，於是巴特利克郭利採取了二選一的方法，他的名言留傳後世，那就是：「要鎖鏈還是要隸屬？要英國還是要戰爭？」以及「不自由，毋寧死」等等。

以這種強調一方的缺點，而在兩者中選一的方法，在自然的情況下，聽衆一定會選擇你希望中的那一個。即使該項選擇的利益非常微小，但因爲別無其他選擇，聽衆也只有勉爲其難地選擇這一個。

雖然運用兩者中選一的方法，常會產生許多障礙，但是，可以迫使處於疑惑不決的對方，朝著你所希望的方向去選擇。

痛罵部屬，不如讓他產生危機意識

當別人的表現不如自己的預期时，破口大罵並不是最好的方式，有時不妨以讚美競爭對手的方式，製造他的危機意識。

所謂成功的人，不是光只有能力、肯努力的人，而是指能夠審時度勢，用最正確的方法讓自己達成目的的人。

成功的人，通常也是最擅長說話藝術的人，他們不會當面斥責部屬，而是以「言外之意，弦外之音」來表達自己的意思。

因爲，他們知道，人很難靠單打獨鬥而成功，必須網羅可以協助自己的人才，而且儘量與與部屬維持友好關係，才能獲得更多勝利的成果。

因此，就算部屬怠惰或是犯錯，他們也不會直言明說，只會用暗示性的說法來激起部屬心中的危機意識。

有個企業家有一個長年為他開車的司機，最近他感覺這個司機工作態度惡劣，不但經常遲到，而且開車時心不在焉，讓這個企業家毫無安全感。

然而，這個企業家並不直接責罵他，只是若無其事地說：「你也認識你的同行A君吧？他是你的晚輩，工作態度非常認真，給人的印象很好，從來都不遲到早退。」

這個經營者只淡淡地說了這些，就不再多說了。那個司機當時並沒有任何反應，但從此以後，他的工作態度就有了極大的轉變。畢竟在經濟不景氣的時代，每個人都想保住自己的飯碗。

當別人的表現不如自己的預期時，破口大罵並不是最好的方式，有時不妨以讚美競爭對手的方式，製造他的危機意識。

要是能利用這種心理，並製造一個競爭對象，讓對方知道競爭對象的存在，就一定能成功地激發起一個人的幹勁。

但是，要以暗示的方式進行，如果以直接的方式告訴對方說：「他就是你的競爭對手。」效果會很差。

因爲，這樣好像給了對方一個強制性的壓力，使對方有了警戒的心理，反而會在心理上產生反抗。

某個有名的中學教師，就指出自己經常以學生的成績來編排座位，使成績相近的人坐在一起。如此一來，學生之間很自然地就會產生競爭的心理，因而會更加用功讀書。

以這種方式去誘導對方，讓他注意到競爭對手的存在，那麼你的目的就可以達到八十%。

教訓投機取巧的小人

投機取巧的人一般嘴甜、心細、臉皮厚，即使是做錯了事，也往往會把責任轉嫁和推卸到其他人身上去。

默片時代的星卓別林以諷刺喜劇名震影壇，在日常生活中也經常運用機智幽默對付心懷不軌的歹徒。

有一天，卓別林到電影院看電影，鄰座恰好坐著一個扒手。扒手把手伸進卓別林的口袋偷錢，被機警的卓別林發現，扒手連忙說：「對不起，我想掏手帕，卻掏錯口袋了。」

卓別林對他微微一笑，表示沒關係，誰知過了一會，他竟然一巴掌猛力打在扒手的臉上。

扒手怒氣沖沖地瞪著卓別林，只見卓別林裝出一副抱歉的模樣，對扒手說：「對不起，我想打死停在我臉上的蚊子，沒想到卻打錯了臉。」

每個人身邊都有一些投機巧取的小人，對付這種人不妨學學卓別林，採取「以牙還牙」的方式。

在職場上，投機型的人善於察言觀色，臉皮很厚，把自己做爲商品，謀求在「人才市場」上討個好價錢。

這種人即使在工作上也愛討價還價，往往對目前僱用他們的公司施加壓力，鑽營晉升或增加工資的機會。此外，他們在工作方面不安分，但卻相當熱衷於和領導套交情，他們不想憑工作成績得到重用和提拔，而是想通過和領導拉私人關係去得到好處。

投機取巧的人一般嘴甜、心細、臉皮厚，即使是做錯了事，也往往會把責任轉嫁和推卸到其他人身上去，而一旦有了功勞，他又會極力地吹噓自己的貢獻和成績，生怕上司不知道。

還有，上司在場和不在場，他們表現就完全不一樣，上司在的時候，他肯定是最勤勞的一個，連臉上的汗水也不會擦，千方百計想給上司一個好印象；上司一旦離開，他就賴在一旁休息了。

領導者光憑自己的眼睛是很難發現的，因爲這些人很會僞裝自己，只有多聽取其他下屬的反映，才能揭開這種人的眞實面目。

這種人是不能重用的，在哪個部門任職，哪個部門就會被搞得亂糟糟。

因此，領導者一旦發現某一位部屬是一個投機取巧的人，便要毫不客氣地把他撤換掉。哪怕他只是一個普通的員工，都要提防，免得受他的騙。

11.
PART

如何「利用」令人討厭的傢伙

一個想要前進的人，一定要懂得適時後退的道理，
當前進受阻的時候，不如緩一緩，甚至退一步。

意氣用事，吃虧的必定是自己

寧為玉碎雖然是做人的一種原則，忍辱負重更是為人處世的一種智謀。以忍耐態度應對不利局面，無疑是高明的辦法。

有句諺語「忍一時，風平浪靜；退一步，海闊天空」，就是要人們處於特殊情況下時，不一味地莽撞行事，而要審慎的分析時局，做出忍讓決策，透析以退爲進的大道理。

忍耐是大智慧的展現，一種高明的生存智慧。歷史上，大凡有智慧的成功者，在面臨危險時，都能從大局考慮，以忍化解險情，求得生存，然後再伺機而動，取得勝利。越王勾踐忍辱負重，最終報仇雪恥，就是鮮明的一例。

當時，勾踐是越國國君，而吳王夫差剛好繼位。為了替父報仇，夫差立志使吳國強大起來，蓄勢向越進攻。

兩年的精心準備後，吳王在大將伍子胥、副將伯嚭的幫助下，發起進攻，一舉打敗了越國。勾踐走投無路，對自己目前的狀況非常清楚，心知要想日後復仇，就必須把心思偽裝起來，在吳王的腳下忍辱負重、偷生苟活，否則，不要說東山再起，恐怕連命都保不住。

因此，他透過伯嚭與夫差達成了和議，保住性命，條件是自己和妻子要到吳國當奴僕，隨行的還有大夫范蠡。

為了替父報仇，夫差對勾踐百般羞辱，令他們在父親的墳旁養馬。主僕三人過著極惡劣的日子，吃的是粗茶淡飯、穿的是粗布單衣，住的是一座冬天如冰窟、夏天似蒸籠的破爛石屋，每天都一身土、兩手糞，這樣的艱苦生活持續了三年。

為了羞辱勾踐，夫差出門坐車時，總是要勾踐在車前為他領馬。從人群中走過，必會遭到他人的譏笑：「看！堂堂一國之君現在淪落成馬夫，這樣還有臉活著啊？要是我，死了算了。」

每每聽到這樣的譏笑，雖然心裡在滴血，勾踐臉上仍然保持笑容，裝作毫不在意的樣子。他知道，若不能將所有的情緒偽裝好，東山再起的心思就會被夫差識破，到時候要忍受的就不只這些了。

有一次，夫差病了，勾踐為了表達自己的忠心，在伯嚭的引薦下前去探望。待夫差出恭後，勾踐居然親自用口嚐了吳王的糞便，接著恭喜說病即將痊癒，請夫差放寬心。正是因為這個舉動，改變了夫差的看法，扭轉了勾踐的命運。夫差相信勾踐對自己確實忠心耿耿，經過三年的磨難，已經完全放棄了復興越國的想法，便決定將他放了。

現實生活中，人們所遇到的困難或挫折，有哪一件能比肩負富國強民的任務更重？又有誰能像勾踐一樣，熬過長達三年近乎於殘忍的羞辱？這絕對是一般人無法做到的事情。綜觀這個時期的勾踐，幾乎可以用「忍辱」來形容。他之所以願意這樣做，無非是爲了儘快回到越國的國土，捲土重來。

忍，是一種爲自己討得便宜的另類方法。

受到根深柢固的認知影響，不少人內心深處認爲大丈夫就應該具備「士可殺不可辱」、「寧爲玉碎，不爲瓦全」的豪情，只有這樣才不愧人們的稱讚，而那些忍辱負重的人，則全部被扣上了懦弱無能的帽子。

事實上，忍耐可以因爲動機與目的不同，分爲幾種類型。毫無原則的一味忍讓，確實是懦弱無能的表現，但若出於「留得青山在，不怕沒柴燒」的考量，則是一種聰明的做法。

與勾踐形成鮮明對比的，是一直被稱爲英雄的西楚霸王項羽，細思他的結局，能給我們相當深刻的啓示。項羽自視太高，根本聽不進烏江亭長的勸說，最後自刎於烏江岸邊，爲一生霸業寫下淒涼結局。假若項羽當時願意忍耐，聽從烏江亭長的勸說過江，之後必定會有另一番景象，說不定歷史將完全改寫。

寧爲玉碎雖然是做人的一種原則，忍辱負重更是爲人處世的一種智謀。勾踐成功復國，絕大部分原因取決於他能忍。當然，忍要有一定的限度，不可流於懦弱。以忍耐態度應對不利局面，無疑是高明的辦法。

如何對待愛刁難部下的下屬

有些身為中層幹部的下屬，一嚐到權力的滋味，就會養成一個壞習慣，對人十分挑剔，尤其喜歡刁難自己的下屬。

斯特是一家公司的小主管，在專業技術方面非常熟練，但有一個很大的缺點，就是對於下屬所提的要求，哪怕是合理的也要加以刁難、耽擱。

一次，一個下屬因身體不舒服要求請假，但斯特就是不准，對他說：「忍耐一下，不就挺過去了。」

結果，導致這個下屬因延誤了治療時間而多花了不少冤枉錢，因此，部屬們對他很有意見，並向公司的總經理反映他的行為。

總經理瞭解實際情況後，覺得斯特有點過分，不過，他並沒有當面訓斥斯特，而是準備找個機會教訓他一下。

機會終於來了。有一天，斯特駕駛公司的車子出外，在路上，卻因為不小心撞傷人而被員警拘留。員警要他立即拿出一大筆款項，作為傷者的醫療費用擔保和違規罰款。

本來，公司的車輛有保險，費用只要公司總經理簽個字，臨時支用一下就行。結果，斯特打電話到總經理秘書那兒，總經理知道後，卻一反平素關心下屬的常態，告訴秘書說：「妳跟斯特說，總經理正在參加一個非常重要的會議，不能受到打擾，也無法脫身，請他忍耐一下，挺過去。」

於是，整整一個下午，可憐的斯特就待在拘留所裡，望眼欲穿地等待公司的人來。直到夜幕降臨，總經理才簽字辦理這件事，把斯特保釋出來。

斯特回到公司瞭解整個情況後，再回憶秘書傳達總經理的「忍耐一下挺過去」的話，頓然醒悟，原來總經理不是不關懷他，而是有意讓他反省。

從此以後，他便完全改變自己，只要下屬提出的要求合情合理，他就會以最快的速度來辦理。

有些身爲中層幹部的下屬，一嚐到權力的滋味，就會養成一個壞習慣，對人十分挑剔，尤其喜歡刁難自己的下屬。

說他錯，又不完全錯，因爲他確實是在權力範圍內行事，而且也沒有違反規章制度。說他對，又顯得不近人情，因爲他對手下一點都不通情達理。

面對這種部屬，應該像前述故事中的總經理，找機會讓他嚐嚐苦頭，他才有可能改變。

不要讓你的幽默變了調

有的人可能誤解了幽默的涵義，或者是不懂幽默的用意，結果，自以為是的幽默變成為低俗的笑話，或是挖苦的語言。

俄國諷刺小說家克雷洛夫在提及說話的技巧時，曾經幽默地說過：「語言就像是一把剃刀，最鋒利的剃刀會幫你把臉刮得最乾淨，不過，你必須做到靈活地運用這把剃刀。」

熟悉說話的藝術，人與人之間就可以在融洽的氣氛中，彼此交流想法和看法。有時候，你和某人並沒有交集點，但是，適時的說話技巧卻可以讓彼此敞開胸懷，建立起友誼的基礎。

在商務交際活動中，比較容易獲得成功的是——幽默的談吐。

幽默可以活絡氣氛，拉近雙方的心理距離，並讓人留下良好的印象，讓對方知道，你是一個頭腦靈活、處事不死板的人。

可以這麼說，在與人交際應酬時，幽默有著無可替代的作用，是不可缺少的潤滑劑。例如：

- 幽默可以緩和初次見面的緊張感。
- 幽默可以增進你與對方的親密感。
- 幽默可以適時開啟對方的心扉，創造絕佳契機。

由此可見，掌握一些幽默風趣的談話技巧是相當必要的。

一般人都喜歡與有幽默感的人合作，因爲，這種合作對象會令人感到比較愉快。

但是，有的人可能誤解了幽默的涵義，或者是不懂幽默的用意，結果適得其反，自以爲是的幽默變成爲低俗的笑話，或是挖苦的語言，效果自然也就跟著變了調。

如何培養幽默的談話技巧呢？

第一必須頭腦靈活，其次要有多方面的興趣，這樣才能通曉廣泛的知識；最後，最重要的一點就是態度要隨和親切。

幽默與氣氛有著密切的聯繫，如果不注意在氣氛上加以改善，只是一味地把自己認為幽默的故事搬來套用，這在某種程度上等於張冠李戴，是不會收到預期的效果的。

發揮幽默機智也要選擇適當的時間，在重大問題上作嚴肅討論的時候，往往不具備幽默的空間，等重大問題的討論告一段落了，大家作隨意交談的時候，幽默才可以派上用場。

當你在商務應酬中途遇到困難或瓶頸，雙方都陷入緊張的情緒中時，唯有「幽默」才能將令人窒息的氣氛緩和下來。

用「刺蝟原理」來處理摩擦問題

人們彼此之間的距離和刺蝟之間的距離有些相似，特別是上司和難以對付的下屬之間的距離。

由於生長環境和所受的教育程度不同，因此，每個人行事風格大異其趣，表達的方式也不盡相同。

因此，當你有心經營辦公室的人際關係時，應當注意察言觀色，才能對不同的人採取不同的應對方式。

面對那些經常口出惡言或動不動就羞辱別人的人，更應該審慎面對，千萬不要和這些「嘴巴賤」的蠢蛋一般見識，也不要因而影響自己的情緒，而找出更聰明的方法回敬對方的驕橫無理。

喜歡「吐槽」的人，往往最難對付。

這樣的人在每一個公司都有，不管走到哪裡都會遇到他們。

這種人專門和上司作對，但是對跟和他們沒有利益衝突的人則表現得十分友好。再加上這種人通常具有一定的專長，因此，他們有自己的勢力範圍和人際圈子，足以在一些問題上與領導者分庭抗禮。

歸納起來，對付和防範這種人，應該注意以下兩點。

一是不要動氣抓狂，而要克服與他們對立的情緒。

在一般機關或公司裡，經常會出現這樣的情況，有些下屬總是喜歡「唱反調」，甚至不執行上司的指示和命令，因此，上司平時很少把重要的工作委派給他們，長此以往，便會在彼此之間產生對立情緒，這種人最後也就成了集體的包袱。

二是應當考慮如何使用他們，發揮他們的積極性，將他們向上司「吐槽」的心計與熱情轉移到工作上。

如果因爲他們愛唱反調而採取不予理睬，或採取壓制、打擊、報復的方法，必會給自己帶來無窮的後患。

你越不理這種下屬，他越會事事和你作對，拆你的台。你若想打擊壓制他們，他們有如渾身是刺的刺蝟，恐怕讓你叫苦連天。

既然他們是「刺蝟」，你不妨用「刺蝟原理」來處理問題。

刺蝟是渾身長滿針一樣的小動物。冬天來臨之時，若把幾隻刺蝟放在一塊，我們就會發現，牠們彼此會把身體擠在一起，但是，如果牠們靠得太緊的話，就會彼此傷害對方，如果離得太遠，就無法取暖。

所以，刺蝟與刺蝟相處有一定的距離。

人們彼此之間的距離和刺蝟之間的距離有些相似，特別是上司和難以對付的下屬之間的距離。離得太遠，不利於領導；靠得過近，又擔心被他傷害。只有保持適當的距離，才能管好這類下屬。

當下屬當面頂撞了你，或故意侮辱了你，你又該如何呢？你會利用自己的職權藉機懲罰他嗎？

正確的做法是：讓他三分。

如果下屬的一句話使你臉面無光，自尊心受損，你就怒氣沖天，那樣最終會更丟自己的面子。

過激的宣洩方法只能使你得到一時快意，但後果卻不甚樂觀。如果你認爲自己是上級，沒有必要彎下腰來，或根本就看不起對方，那麼，你就是一個不稱職的領導者，或者說是一個失敗的領導者。

你怎樣對待別人，別人就會怎樣對你，這不僅是修養的問題，也是解決難纏下屬的問題。

如何「利用」令人討厭的傢伙

一個想要前進的人，一定要懂得適時後退的道理，當前進受阻的時候，不如緩一緩，甚至退一步。

依靠裙帶關係在公司企業中狐假虎威的人，可以說相當普遍，這是令領導者極爲頭痛或無可奈何的事情。

通常，這類下屬身家背景不錯，人際關係較爲廣闊，不是與最高領導階層關係甚密，便是在外擁有大企業作爲靠山，或是與往來銀行關係良好。

這種人如果本身具有能力，不妨善加利用。但是，如果這類下屬相當無能，也必須交付一些較爲簡單但又較體面的工作，不可以讓他們無所事事。

在與他們交往時，不可過於密切，以免引起其他下屬的不滿，而背上趨炎附勢的「罵名」，但是應該避免排斥或得罪他們，最好技巧性地保持雙方不慍不火的關係。對於他們擁有的優點，你應該努力發掘和利用，切忌帶著有色眼鏡去看他們，甚至從一開始就把他們當成不學無術之徒而另眼相待，或與他們作正面抗衡。

當然，這種下屬的缺點常常是顯而易見的。最常見的是，利用自己的家庭背景和人際關係而對上司或同事傲慢無禮，態度惡劣。但是，因爲他們的靠山很可能是你的頂頭上司，也可能是公司業務上的大客戶，所以仍要避免得罪他們，使他們對你無計可施，然後從他們身上挖盡好處。

一個想要前進的人，一定要懂得適時後退的道理，當前進受阻的時候，不如緩一緩，甚至退一步。

退讓並不是軟弱、放棄的表現，而是爲了要向前多邁幾步。避免得罪他們，表面上是自己退了一步，但實際上是要利用了他，從他身上得到好處，這才是最高明的方式。

日本著名的製片家和田勉先生，曾經就薪水階層如何應付令人厭惡的上司，提出了一套建議。

他幽默地表示：「對於令人討厭、不好應付的上司，身為部屬者不妨運用『討好』的方式，反過來利用他。一旦你施展出此種手段，則無論哪一種類型的上司，都不致於過分為難你，甚至可能把你當作知己。換句話說，對方此時已毫無抵抗力可言。待一、二年過後，該位上司終會由於人事的變動，從自己的眼前自動消失，但是你早已從對方獲得了許多好處了。」

事實上，你也同樣可以運用這種方法，去對付那些令人頭痛而又不能得罪的傢伙。不過，有一點不可忘記，「討好」不等於放縱。對於這類人，一旦他們的行爲過火或犯了差錯，不妨私下加以糾正，以保全他們的面子。

「惡意」是友情的殺手

朋友之間的寶貴友情，是從彼此的善意關懷一點一滴累積的，充滿惡意的動機是無法和別人建立穩固情誼的。

話說得體，行事合宜，不僅能表現出自身修養的高雅，也能輕鬆地迎接人生的各種挑戰，透過說話辦事策略與技巧，讓人們接受你的意見或觀點，使人願意接近你，提昇自己的溝通、辦事效率。

釋出善意可以增進人際關係，一個不尊重別人感受與立場，動輒爲了細事發怒的人，不管擁有如何高深的學識，只會引起別人的討厭與嫌惡，很難達到有效溝通的目的，最終淪爲工作場合的失敗者。

一般而言，地位較高的企業主管，對於能與同事維持良好關係的職員，必然深具信心，願委以重任，相反的，一個人縱使才氣非凡，但老是和週遭的人發生摩擦，也無法獲得重用。

能與別人和睦相處的人，代表著他具有維持良好人際關係的能力，這種能力將協助他在事業上或生活上一帆風順。

至於如何與別人和睦相處，訣竅其實很簡單，那就是「將心比心」。換言之，就是如果你希望別人友善地待自己，那麼就得先友善地對待他人。

經常以親切的態度對待他人，對於別人內心所希望達成的事情或想獲得的利益，如果你能時常加以關切並適時給予協助，那麼就能建立和諧的人際關係，自己也能獲得相對的回報。

如果你能設身處地對待周圍的朋友，就可以使對方感受到你的誠意和關懷。美國人際關係大師湯姆遜．威爾森先生就曾說：「友情之道無他，只能以友情獲得，人或許可以輕易地支配他人，卻很難得到他人真心信賴。」

一個性情孤僻，喜歡獨往獨來的人，由於在生活和事業上沒有朋友相扶助，想要獲得成功，就只有靠自己單打獨鬥，往往必須付出加倍的努力。

人無法離群而索居，不管在事業上或日常生活中，友情都是人生最難能可貴的珍品。眞心的朋友會爲我們帶來向上奮發的動力，時時刻刻激勵鼓舞著我們，更必須好好加以珍惜。

朋友之間的寶貴友情，是從彼此的善意關懷一點一滴累積的，充滿惡意的動機是無法和別人建立穩固情誼的。如果你能理解這一點，善意地關懷自己想結交的人，就能快速獲得他們的友誼。

對待朋友要以善意爲出發點，如此才能培養深厚的情誼與默契，使對方樂於採納你的意見，而不會誤會你的意見是否別有用心。

萬一你的上司是個超級大豬頭

上司獲悉你是嫌他是「豬頭」之後，也許會覺得有損自己的顏面，惱羞成怒之餘，必定會反咬你一口，四處散播不利於你的謠言。

富蘭克林家中有一個黑人僕人，有一天，他問富蘭克林：「主人，紳士到底是什麼東西？」

富蘭克林想了一下，回答說：「紳士是一種動物，是一種能吃、能喝、能睡、能說，可是什麼事都不會做的懶惰動物。」

僕人似懂非懂地離開，過了一會兒，他與高采烈地跑到富蘭克林身邊，對他說：「主人，我終於知道紳士是什麼東西了。我看到人們在工作，馬在拉車，牛在勞動，只有豬光會吃飯、喝水、睡覺、哇哇叫，什麼事都不會做，所以紳士就是豬。」

假如，你的上司是一個富蘭克林僕人眼中的超級大「豬頭」，好大喜功卻毫無工作效率可言，又有某些讓人受不了的怪異癖好或惡習，這自然是你工作中的最大不幸。

譬如，你的上司一早大搖大擺地來到公司，口沫橫飛高談闊論一番後又突發奇想，提筆草擬一項莫名其妙又毫無必要的工作計劃，要大家立刻執行，所有員工自是怨聲載道。

追隨一個無能又膨風的人，而且還必須爲他分憂解勞，確實是件相當無奈而且痛苦的事，從他身上學不到半點東西，只是徒然浪費寶貴的光陰。

如果遇到這樣的「豬頭」上司，你應該如何擺脫他呢？

俄國大文豪托爾斯泰曾經語重心長地說：「人人都想改變世界，但誰也不想改變自己。」想要擺脫「豬頭」上司，必須先改變自己。

不管你的上司多麼昏庸無能，你心裡多麼瞧不起他，脫離苦海的最佳辦法就是表現更恭順謙卑，盡力從旁輔助他，不斷締造佳績，讓他早日高升。

再不然，你就得更努力表現，讓自己快點升職，和他平起平坐。

這才是擺脫「豬頭」上司的積極辦法。

假如你打從心裡不想爲這種一無是處的人效勞，也不願他沾自己的光，另外一個消極的方法就是自行申請調職，遠離他疲勞轟炸的有效射程。

然而，這並不是上上之策，因爲，不管你請調的理由多麼充足，動機只能隱瞞一時，最後總會曝露出來。

上司獲悉你是嫌他是「豬頭」之後，也許會覺得有損自己的顏面，惱羞成怒之餘，必定會反咬你一口，四處散播不利於你的謠言，例如「這傢伙最會渾水摸魚，還經常惹麻煩……」之類的話，造成你工作的困擾。

況且，如果你對目前的職務很滿意，僅僅爲了不喜歡這個「豬頭」上司的爲人處事作風便輕率調職，未免太划不來，也會影響到日後升遷的速度。

不利於己的話其實對你有利

如果為了讓對方相信自己，而一再強調自己的優點，還不如利用人類潛在心理的「彆扭心態」，來取得對方的信任。

只要做好心理建設，平日勤於鍛鍊自己的說話技巧和表達方式，要成爲說話高手，其實一點都不困難。

美國在費城舉行憲法會議的時候，會議中分為贊成派和反對派，討論相當白熱化。出席者的言論都非常尖銳，甚至演變成人身攻擊。

由於出席者有著人種、宗教方面的差異，利害關係相同的人自然結合在一起，議會充滿了火藥味和互不信任的氣氛。

眼看會議即將決裂時，持贊成意見的富蘭克林適時出面收拾了紊亂的場面，終於促使了憲法成立。面對反對派猛烈地攻擊，富蘭克林不慌不忙地對他們說：「老實說，對這個憲法我也並非完全贊成。」

這句話一出，議會紛亂的情形霎時停止了，反對派人士不禁感到懷疑，富蘭克林既然是贊成派，為什麼不完全贊成自己所提的憲法呢？

富蘭克林頓了一會，才繼續說道：「我對於自己贊成的這個憲法並沒有太大信心，出席本會議的各位，也許對於細則還有些異議，但不瞞各位，我此時也和你們一樣，對這個憲法是否正確抱持懷疑態度，我就是在這種心境下來簽署憲法的。」

佛蘭克林的這番話，使得反對派的激動和不信任態度終於平靜下來，美國的憲法終於順利通過。

一般人要化解對方的不信任感，往往會以強硬的口氣說「請你相信我的話」，或者說「根本沒有那回事」，結果反而使對方的不信任感更加強烈。

因爲這樣說，就像是要將對方的不信任全面否定，只保留自己單方面的主張，實際情況是一種正面的攻擊，這樣做是不會產生任何效果的。

對於一件事情，如果光是強調好的一面，那麼對方對於你所說的話，就會存有不信任的潛在心理。

如果爲了讓對方相信自己，消除他的不信任感，而一再強調自己的優點，這樣反而缺乏說服力。與其如此，還不如利用人類潛在心理的「彆扭心態」，來取得對方的信任。

例如，你可以先給對方一些不利於自己的消息，使對方覺得你「還蠻老實的」，這樣一來，他就會產生想聽你繼續說話的意願，你便可以附帶地爲自己說些好話，在不知不覺中，對方就會順利地接受你的誘導。

富蘭克林就是利用了這個說服的技巧，先說一些對自己不利的話，使對方反而產生了信任感。

真心付出，朋友才樂於相助

當你真心為朋友付出之後，這種付出會形成一種資源存儲起來不會消失，只要一有機會，必將以某種意想不到的方式回報給你。

在與朋友交往的過程中，千萬不要吝嗇付出。如果心胸狹窄，總擔心在交往中吃虧，甚至想佔便宜的人，是交不到朋友的。

精於溝通的人都知道，樂意爲朋友付出是一種靈活的、有效的交往方式，在這種前提下交往，收穫一定大於付出。

漢斯先生是一位成功的企業家，但他既沒有亮麗的高學歷，也沒有雄厚的資金，更沒有顯赫的家世背景，那他到底是靠什麼成功的呢？

答案只有一個——靠朋友們的幫助。

其實，漢斯以前是一個很孤獨的人，由於他一無所有，別人都不願意與他往來。漢斯在忍耐寂寞人生的同時，漸漸體會朋友的重要，也學會了與人溝通、交往，並付諸實行。

漢斯十分珍惜自己的朋友，對朋友的重視甚至超過了別人的需求。只要朋友來訪，他一定熱烈歡迎，不管經濟狀況多麼拮据，他都好像隨時在等待朋友到來，並且真心誠意地接待，朋友回去時，還讓他們帶些土產紀念品。

每個人都有自己的事，漢斯先生也不例外，但無論他多麼忙碌，都不會把朋友來訪視為一種麻煩和困擾。

朋友問他為什麼如此熱切，他說：「我是一個一無所有的人，與朋友來往就應該讓對方覺得和我來往會得到某些方面的愉快與益處。」

「絕不自私自利，樂於為朋友付出」，是漢斯贏得朋友、取得成功的秘訣。相反的，如果和朋友交往之時只想著如何從別人身上獲取，卻不願付出，那麼將難以交到真心的朋友。

與漢斯相比，沃特是出身名門的「富家子弟」，他想憑著自己的「優厚條件」闖出一番事業。

但是，他與別人交往時，首先考慮的是這個人對自己有沒有利用價值。比如，與這個人交往，以後向銀行貸款時可能會獲得幫助；或許與這個人做朋友能學到一些致富經驗，能夠從那個人身上得到一些有利的資訊……

他就是這樣對待周圍的人，想辦法從自己接觸的人身上攫取利益。結果，他不僅沒有交到真正的朋友，更不用說得到別人的幫助了！

漢斯和沃特交朋友時抱持不同的態度，結果也就完全不同。

漢斯的做法是先為朋友付出，結果獲得很大的回報；沃特一心索求，結果卻什麼也得不到。

社會心理學家霍曼斯指出，人際溝通的本質是一種交換的過程。交換的任何一方，都希望所做的交換對自己是有價值的，也希望交換的結果是得大於失。

在這個過程中，自己認爲値得的人際關係就傾向於建立與保持，而對於自己認爲不値得的人際關係，就傾向於逃避、疏遠或中止。所以，人們往往樂於結交願意爲朋友付出的人，不願結交想佔別人便宜的人。

由此可見，當你眞心爲朋友付出之後，這種付出會形成一種資源存儲起來，不會消失，只要一有機會，必將以某種意想不到的方式回報你。

所以，眞心地與別人往來，讓你在贏得別人尊重的同時，還會得到意想不到的收穫，許多原本棘手的事情，或許就在好朋友們的幫助下搞定了。

做人靠智慧，做事靠謀略：人性攻略篇

作　　者　金澤南
社　　長　陳維都
藝術總監　黃聖文
編輯總監　王　凌
出 版 者　普天出版家族有限公司
新北市汐止區忠二街 6 巷 15 號
TEL / (02) 26435033 (代表號)
FAX / (02) 26486465
E-mail：asia.books@msa.hinet.net
http://www.popu.com.tw/
郵政劃撥 19091443 陳維都帳戶
總 經 銷　旭昇圖書有限公司
新北市中和區中山路二段 352 號 2F
TEL / (02) 22451480 (代表號)
FAX / (02) 22451479
E-mail：s1686688@ms31.hinet.net
法律顧問　西華律師事務所・黃憲男律師
電腦排版　巨新電腦排版有限公司
印製裝訂　久裕印刷事業有限公司
出 版 日　2021 (民 110) 年 1 月第 1 版
ISBN◎978-986-389-757-6　　條碼 9789863897576

國家圖書館出版品預行編目資料

做人靠智慧，做事靠謀略：人性攻略篇／
金澤南著.—第 1 版.—：新北市,普天出版
民 110.1 面； 公分. - (智謀經典；37)
ISBN◎978-986-389-757-6 (平裝)

智謀經典
37

普 天 之 下 · 盡 是 好 書

普天出版家族
Popular Press Family

凌雲 文創
A-Plus Creative Company